学子的思索

2018年新闻学子重走“中国西北角”新闻作品选

张硕勋　王　臻　主编

蘭州大學出版社
LANZHOU UNIVERSITY PRESS

图书在版编目（CIP）数据

学子的思索 ：2018年新闻学子重走“中国西北角”新闻作品选 / 张硕勋，王臻主编. -- 兰州 ：兰州大学出版社，2022.9

ISBN 978-7-311-06395-5

Ⅰ. ①学… Ⅱ. ①张… ②王… Ⅲ. ①新闻—作品集—中国—当代 Ⅳ. ①I253

中国版本图书馆CIP数据核字(2022)第181839号

责任编辑　刘爱华
封面设计　汪如祥

书　　名	学子的思索 ——2018年新闻学子重走“中国西北角”新闻作品选
作　　者	张硕勋　王　臻　主编
出版发行	兰州大学出版社　（地址：兰州市天水南路222号　730000）
电　　话	0931-8912613（总编办公室）　0931-8617156（营销中心） 0931-8914298（读者服务部）
网　　址	http://press.lzu.edu.cn
电子信箱	press@lzu.edu.cn
印　　刷	西安日报社印务中心
开　　本	710 mm×1020 mm　1/16
印　　张	17.5
字　　数	313千
版　　次	2022年9月第1版
印　　次	2022年9月第1次印刷
书　　号	ISBN 978-7-311-06395-5
定　　价	68.00元

目录

梦回甘南

走访河西

大美青海

魅力陇南

漫路三秦

梦回甘南

甘南线路线简介

李晓灵

蜚声海内外的“世界藏学府”夏河县拉卜楞寺，傲立在苍穹之下的合作市米拉日巴九层佛阁，弥漫着爱国情怀的卓尼线杨土司纪念馆……这些闪亮的名字最终串成了兰州大学“重走中国西北角——甘南线”的轨迹。在李晓灵老师和葛俊芳老师的带领下，7名研究生和11名本科生顺利组队成行，开始用眼睛凝望着这片土地的新貌，用脚步丈量着这片土地的广袤，用心感受着这片土地的变迁。

夏河、合作、卓尼是此次不得不提的三个重要站点。在夏河县驻留的三天里，甘南线队员实地走访了夏河中学、夏河县教育局；随机采访了街头唐卡艺人；跟拉卜楞寺的僧人进行了深入的交谈；还去桑科草原看望了传奇的巴桑大叔。烈日炎炎，队员们兴致高昂，走街串巷行走在夏河的各个角落，不断用专业敏感度一直寻找最佳的线索与选题，脚步未曾犹疑、停歇。

合作的城市化步伐在甘南藏族自治州有目共睹且在创新方面具有领先优势。在一天的奔波采访之后，为果腹而随意走进的路边小饭馆里，令队员分外惊喜的是竟然发现一个好故事，像是等着慰劳风尘仆仆的他们。老板原是四川人，跟随当兵的丈夫来到了合作，从此在合作扎根三十年，开了合作第一家川菜馆。风风雨雨一路走来，赔钱、被骗、沿街叫卖、创建连锁店，这家川菜馆和合作这个城市一起经历着时代的发展和变迁。

辗转到达卓尼杨土司纪念馆时，天公不作美，大雨遇上停电。但队员们在工作人员的指导下纷纷拿出手机照亮纪念馆，如常参观。原本漆黑的馆内一束束光亮闪烁，那些尘封的历史也一一被照亮并展现在了每个人的眼前。那些鲜活的面庞，那些让人敬仰的事迹，让人在回溯历史中，不禁感叹如今的岁月静好。

本次重走中国西北角之赴甘南藏族自治州小组共产出稿件23篇。其中稿件类型包括新闻稿、新闻评论、旅行札记、视频、图片等，内容涵盖甘南藏族自治州的教育扶贫、足球发展、环保之路、新媒体宣传平台、当地传统手艺匠人与僧人、电商发展等方面，可谓面面俱到。

这一次甘南行走，走走停停，每个人都发现着神奇之处，感受着神奇之处。这一次甘南行走，丰盈了每一位行走者的心田。不虚此行。

“我也想上大学”

甄建榜　白飞　邵倩　张玉洁

2018年7月20日下午，雨过天晴，我们来到桑科草原深处的牧场，这是真正的牧场。站在牧场上，远远地看去，一顶顶白色帐篷映入眼帘，仿佛散落的珍珠，非常美丽。旦知吉的妈妈站在自家帐篷门口，她弟弟躲在妈妈身后，探着小脑袋。看到我们以后，旦知吉妈妈快步走过来，把我们迎进帐篷。帐篷中间摆放的炉子烧得很旺，还摆放着一个小冰柜、几张桌子和一些锅碗。进入帐篷后，旦知吉的爸爸把揣在藏袍里的水果拿出来，放在了桌子上，那是我们去桑科新村参观他们家的时候送给他们的礼物。

我们把印有兰州大学标志的卡套、钥匙扣等礼物送给旦知吉，并给她讲每一个图案所代表的含义。旦知吉听得格外认真，一直把钥匙扣握在手里。李晓灵老师鼓励旦知吉好好学习，以后就可以来兰州大学读书。旦知吉有些期待但又小声地说：“兰州大学是非常好的学校，我会好好努力的。”旦知吉喜欢读书，喜欢英语，学习成绩也不错。她说：“我想上大学，以后工作了赚钱养阿爸阿妈。”

右三为旦知吉　　甄建榜　摄

旦知吉今年刚刚初中毕

业。按照国家的政策，初中生可以考中专，中专生的学费是免的，读完中专可以继续读大专。但是旦知吉没有考中专，她说："我考上高中了，我不想上中专，我想上大学。"我们问她如果考不上大学怎么办，姑父边用手比划，边笑着说了一句藏语。听罢，旦知吉低着头笑，不说话。我们好奇地问旦知吉姑父说了什么，她不好意思地说："姑父说，如果我考不上大学就去挤牛奶。"

旦知吉有两个姐姐，大姐在兰州现代职业技术学院学习旅游管理。她从手机里找出大姐的照片给我们看，照片里大姐坐在绿草坪上，黑色长裤，白色运动鞋，一副青春靓丽的模样。旦知吉爸爸说："如果姐姐能在兰州找到很好的工作，也愿意让她留在兰州。"旦知吉的二姐只上到小学，十六七岁时就结婚了。旦知吉说："二姐以前不喜欢上学，就和妈妈一起在牧场干活。她和妈妈一样，一年中有近半年的时间都待在牧场，每天5点多起床挤牛奶，挤完牛奶后去牧场捡牛粪，中午很少休息。"

旦知吉也很喜欢待在牧场和妈妈一起挤牛奶、捡牛粪，但她更想努力读书，和大姐一样去上大学。她家有200多只羊，40多头牛，每年大概有一两万元的收入。虽然收入不多，爸爸还是想让家里的孩子多读书，只要孩子愿意，能读到哪儿，就让他们上到哪儿。旦知吉说镇上的孩子，一到上学年龄都会去上学，不上学的不多。她爸爸说："现在国家有很多的资助政策，小学和初中都已经全部免费，高中只需要交书本费和伙食费，考上大学也会有一些补助，这些都可以减轻我们的负担。"

近几年甘南藏族自治州不断加大对教育的投入力度，政府大力推进教育精准扶贫专项规划，除了进一步普及九年义务教育以外，甘南藏族自治州陆续实施薄弱学校改造计划、全面改薄等项目，努力实现"不让一个孩子因家庭困难而失学"的目标。截至2017年，甘南藏族自治州高中阶段毛入学率达到83.6%，高考录取率高达92%，但是考上本科院校的学生所占比重较小。像旦知吉这样的孩子，上学不再是遥不可及，但考上好的大学依旧充满挑战。

当问到当地大学生毕业找工作的情况时，旦知吉说："能在外面找到好工作就留下，找不到就回家托亲戚朋友帮忙找，但回家一般也只能找到餐厅服务员这类的工作。"据了解，甘南地区大企业很少，很多甘南籍大学生毕业后的首选是考公务员，但公务员名额有限，考不上的就只能去餐厅这一类企业找服务员之类的工作。这在一定程度上影响了当地家长和学生对上大学的看法，"上大学还不如不上大学，上完大学照样找不到好工作"已经成为很多家长的顾虑。尽管如此，旦知吉的爸爸妈妈依然表示会尽力支持他们上大学。

临走的时候，旦知吉的弟弟依旧躲在妈妈的身后，探着小脑袋看着我们。看他不说话，大家就主动上前跟他说再见，其中一个同学问道："小弟弟，你长大后想干什么？"他拽着妈妈的衣服，羞涩地说："我也想上大学。"

（作者为兰州大学新闻与传播学院本科生、研究生；指导教师李晓灵、葛俊芳为兰州大学新闻与传播学院教师）

此心安处是吾乡

——记汉族唐卡学徒孟永平

周依依　刘树洁　万蓉　姚蓉

“我看见了，就直接过来学了。”小孟看着眼前的唐卡对我们说。

九年前，在夏河的街头，临夏的汉族男孩孟永平在路边偶遇了一家唐卡小店，这一相遇，就改变了他的人生轨迹。

在夏河，学习唐卡的一般是藏族人，而小孟是小店里的唯一一位汉族学徒。刚开始和师傅道吉仁青学习绘制唐卡时，小孟才15岁，在得到家人的支持后，便独自一人从临夏来到夏河。如今，这已是小孟学习唐卡的第九个年头。

小孟的唐卡求学之路遇到了不少困难。“那时候我刚去，不会画，就想着赶紧回家，心想还是回家好。但是因为刚来，不认识回家的路，所以我一直留了下来。”小孟开玩笑地说。

在小店里对孟永平进行采访　　万蓉　摄

那时候，15岁的小孟一整天面对着自己喜欢但是不甚了解的唐卡，时常会感到困倦。“刚开始不懂，也没有休息的时间，感觉很累，也就不想画。”说起自己的学习经历，小孟低头笑了，“学画唐卡挺难的，也想过放弃。”但最终，小孟还是决定留下，坚持了下来。因为他从小就喜欢民族艺术和画画，对唐卡更是一见钟情。

语言文化上的差异对小孟来说也是一大障碍。刚开始，小孟和其他人交流很少，时常感到孤独。“我听不懂他们说的话，没办法好好聊天，感觉一天挺无聊的。”加上长时间待在小店里画画，小孟和外界的接触变少了，这对他的性格也有一定的影响，原本比较外向的他变得沉默寡言了。选择学习唐卡后，小孟和家人的沟通也只能通过隔三岔五的电话进行，和以前老家朋友的关系也疏远了，只是在节假日会回家和朋友小聚。“感觉自己很孤独，见不到家人，以前无话不谈的朋友也看不见了，能交心的朋友没多少了。”说到这，小孟有些落寞。

如今，情况有了些许改变。通过多年的学习，现在的小孟就算一整天都在画布前坐着也不再犯困。“习惯了，懂这门艺术了，只要画画就不瞌睡，反而更能提起精神，人也变得沉稳了一些。在我看来学习唐卡是一种修行，能静心。心静了才能画好，所以不能想别的，只能想着把它画好。”他耳边夹着一支细小的画笔，接着说，“我还要学好几年，因为这个不是画好了就学好了，还要往精里学。”

语言上的沟通也不再是障碍。小孟已经能够听懂一些藏语，可以和当地人简单地沟通。小孟说自己和师傅以及其他学徒关系都很好，在夏河也有了一些当地的藏族朋友，有空时会和他们一起吃饭。在问及周毛才让（小店里的藏族学徒）对小孟的评价时，她说：“挺好的。学得快，画得快。”

在小孟心里，师傅就是他的榜样。刚开始绘制唐卡时，小孟经常会粗心地用错颜料，出现错误自己又不能补救时，师傅没有急着责怪他，而是循循善诱并向他伸出援手。“师傅很伟大，他不仅收了我当徒弟，还会收一些身体有缺陷的孩子，不收我们的学费，教我们学习唐卡。”小孟希望自己以后也能成为像师傅一样的人。

夏河如今已是小孟的第二故乡，唐卡也成了小孟生命中重要的一部分。“唐卡对我来说很重要，以后我会一直走这条路。因为这是自己学的手艺，自己的爱好，要坚持下去。”小孟看着我们的眼睛坚定地说道。

七月的夏河，草原和街道变得喧嚣，游客来去匆匆。而在一门之隔的小店里，小孟盘腿坐在垫子上，手中拿着画笔，一笔一笔地在画布上勾勒着，眼中只有那幅未完成的唐卡。

（作者为兰州大学新闻与传播学院本科生、研究生；指导教师李晓灵、葛俊芳为兰州大学新闻与传播学院教师）

从牧场到照相馆

——一位藏族大叔的前半生

甄建榜　张玉洁　白飞　邵倩

在拉卜楞寺前的扎西奇街上，如果向当地人问起哪里有照相馆的时候，很多人会说再往下走有家藏族大叔开的照相馆。沿着街往下走上一段，从路边的楼梯上二楼，一个贴着“照相、摄像”等字样的门店映入眼帘，推开门，一阵藏香扑面而来。

这家照相馆的店主叫索南尼玛，今年51岁。索南尼玛坐在椅子上，面对着眼前的三台电脑，操作自如。他说：“我放过羊，开过台球室、电器修理店和音像社，还去过很多国家，但是我上学只上到了初中，这些技术都是我自己学的。”说着他就拿出自己的U盘，找到很多记录着自己这些年生活和工作的照片，满脸笑意地向我们介绍每一张照片。

大叔的工作室　　甄建榜　摄

从牧场到县城

在索南尼玛保留下来的照片里，出现背景最多的就是桑科草原。他出生在桑科草原，小时候每天放牛放羊，直到11岁才去一个牧区小学上小学。“那时候上小学需要20块钱的报名费，我爸妈凑齐了钱就把我送到了学校。”索南尼玛说，“刚开始每个学期学校给补助10块钱的住宿费，但不知道为什么到了二年级以后就没有了。”虽然在小学只学藏语和数学，而他对于器材、物理表现出很高的兴趣。大叔拿起一张纸卷成圆筒模仿着小时候自己制作简易传声筒的模样，双手比划着说：“那时候还没有学物理，我和小伙伴儿就拿着一根线和两个卷纸做成的圆筒做成了传声筒，隔着很远也很清楚地听清对方说的话!”

在他小学五年级的时候，他的爸爸就因为生病去世了，全家只靠他妈妈维持生计。小学毕业后，大叔家交了100多块钱的报名费才得以让他走出牧区，来到县城的夏河县藏族中学上初中。“那时候100块钱对于我们家来说已经很多了，对于其他同学的家庭来说也不是个小数目，但是大部分家庭还是把孩子供到了初中毕业。”上初中的时候他们班一共有53个学生，到初中毕业的时候考上中专的有21个人，但他没能去上。

“我那时候还是考了第一名，”说这句话时大叔眼睛放着光，“但是上中专还要掏1 500块钱的报名费，而我们家一个月生活费就二三十块钱，家里人供不起我上中专，所以我就再没有上学了。”

于是，他又回到了牧场放牛放羊。虽然没有再上学，但是大叔通过自学学习了很多知识。“上学的时候不教汉语，回到牧区以后我就通过自己的收音机学习汉语。”在甘南师专上学的同学送给他一些课本，他就在放牛放羊之余看这些课本。“现在我家里还留着四箱子那时候看过的书。”

从县城到美国

2000年的时候，大叔又一次走出桑科草原，拿着50块钱来到夏河县城，用这些钱开了一间小台球室。“当时也没怎么想就租了一间房子，摆上几个台球桌，凑成一个台球室，然后就一块、两块地开始挣钱。”一年以后，他关掉了原来的台球室，用挣的钱开了一家电器维修铺。

“从小我就喜欢电器这些东西，在开台球室的时候，就有朋友让我给他修一修收音机。”大叔说。开维修铺的时候，有个甘肃电视台的人来找到他，让他修一个充电器：“我跟那个人说我不会修那个充电器，他坚持说‘你就试一哈’。我试着拆开充电器以后，发现一个电容器坏了，就把收音机上的电容器换了上去，充电器就修好了。”

在2005年，一次偶然的机会，他得到了去美国协助工作的机会。“我懂一点电器，美国人邀请我去那边做技术翻译，一个是电器上的藏文怎么说，一个是藏族音乐、乐谱用藏文怎么说。”在美国工作了15天，他又去了印度。“在印度的时候，印度不需要翻译的，就随便转去了，”大叔说，“在印度我也学了很多的电器知识，我发现印度的电器发展得很好，印度的软件做得也很好。那时候印度很多人家的门口都安着卫星接收器。”

在印度待了一年多以后，大叔又自己去了泰国、尼泊尔游玩，不久就回了国。

从美国回到夏河

2007年从国外回来两个月以后，大叔就买了一台旧电脑，开始学习使用电脑。“学了电脑以后，08年我就再不修电器了。”

在大叔买第一台电脑的时候，他就跟店主说：“帮我安装一个修图片的软件。”后来，大叔才知道软件的名字叫Photoshop8.0。在店铺不能开门的时候，大叔就学习PS等电脑技术，并且还拿着照相机在外面拍照。“那时候除了给游客拍照，也给当地人拍照，家庭合照、个人照都有，但是现在手机普及了，不怎么需要拍照的了。”说着，大叔给我们看了他在2009年拍的赛马节的场景，还有香浪节和寺院讲课的时候拍的照。“别人不能随便给他们拍照，只有接受了邀请才可以拍。”

之后他又买了摄像机学起了摄像。“学摄像就要学习剪辑视频，我又开始学PR、AE，AE比较复杂，但我一直在网上找一些学习资源，自己摸索着就差不多把这些学下了。”学着这些知识，大叔在夏河县城开了一家音像社，又在2014年注册了自己的民族文化传播有限公司，给附近的小学拍过六十周年纪念的宣传视频，还给寺院刻录家庭吉祥经的音频，等等。

说着说着，大叔翻到一张剧照。“这是我在前几年协助拍摄的《青稞熟了》的剧照，”他指着剧照上写的导演完玛才让说，“这是我的徒弟。”这部电影作品《青稞熟了》还荣获了第19届北京大学生电影节第13届大学生原创影片大赛“民族题材特别奖”。除了这部电影，大叔还参与过《甘南曼巴》《温暖》等反映甘南当地人生活的电影的摄制。

从牧场少年到摄影摄像大叔，索南尼玛依靠着自己对新事物的学习热情和坚持不懈的态度，一步步地实现自己的目标。问起索南尼玛大叔以后的打算，大叔说："我还有很多的关于设计、剪辑这方面的知识没有学精，我会继续更深入地学习这些技术。"

（作者为兰州大学新闻与传播学院本科生和研究生；指导教师李晓灵、葛俊芳为兰州大学新闻与传播学院教师）

甘南的“候鸟”

——记甘南旅客画家刘伟群

刘树洁　周依依　姚蓉　万蓉

初见刘伟群，是在夏河的一家青旅。他手中拿着一瓶黄河啤酒，上身穿着一件针织半袖，下身穿着一条工装长裤，随和地与我们打招呼。他是一位画家，也是一位从事基础幼儿美术教育的老师，在河北唐山开了一家艺术绘本工作室。这次是35岁的他第六次回到甘南。

因为质朴，所以热爱

说起他与甘南的缘分，刘伟群说：“我现在每年夏天都会来甘南小住。第一次来甘南是大学的时候，为了毕业的艺术考察来的这儿。当时最让我感到震撼的不是拉卜楞寺，而是在郎木寺遇到了一位磕长头的人在公路上一步一磕地往前走。”那时的场景在他心中留下了深刻的印象。

“有一次我去到扎尕那，带了一瓶芬达，一个小女孩背着她的弟弟一直跟着我，冲着我笑。她不会说汉语，就一直指着我手里的芬达，我就把芬达给她了。你知道那个小女孩做的第一件事是什么吗？她不是给自己喝，而是先给弟弟喝了。”此后，他去扎尕那都会带一些零食给当地的小朋友。

在刘伟群看来，在甘南结交的朋友也是他热爱甘南的原因。这一次来，他给他的藏族朋友丹登大哥画了一幅肖像画。晚上和丹登大哥一起吃饭，丹登大哥说他去买青稞酒，回来的时候手上空无一物。刘伟群便问大哥说：

“你没有买酒吗?”这时候，丹登大哥笑着从藏袍里一瓶一瓶地掏出了六瓶酒。最后两人喝完，丹登大哥又邀请他去家中做客，唱歌给他听。“他特别高兴，冲我笑，然后下一秒就睡着了。这种信任和友情，不分什么民族。”

甘南的藏传佛教氛围浓厚，但是在第三次来到甘南后，刘伟群才开始翻阅一些资料并且开始研究它。刘伟群每隔一段时间就会来夏河小住，画画，寻找灵感。“我一般每天早上五点起床，去转经、听早课，八点回旅社吃早饭，然后再休息。吃完午饭，就出门画画，一直到傍晚六点再回来。”在刘伟群眼里，要体验拉卜楞寺的美，不是在中午也不是在下午，而是在早晨或傍晚。“那时候的天是蓝色的，转经廊会亮起黄色的光。因为我是学美术出身，对色彩比较敏感，我觉得特别特别的漂亮。”刘伟群强调。

刘伟群与丹登大哥的合影　　受访者供图

变与不变

“但是甘南也变了。”说到这，刘伟群喝了一口酒，“特别是商业的东西，今年又有了新变化。在一些大的寺庙，听别人讲解，以前直接走进去，不需要买票，今年不买票不让进。”在刘伟群看来，这是一种经济意识增强的体现。

刘伟群以前很喜欢扎尕那，风景很美，人也特别淳朴。“现在扎尕那经济发展起来，和我印象中的地方不一样了。”他说。刘伟群在和丹登大哥聊到这件事时，丹登大哥说：“这个地方很美，但是我们本地人也得挣钱，也要生存，也要发展。”刘伟群理解丹登大哥的想法，但还是有些惋惜。

这些变化并没有改变他对甘南的热爱。“这个地方给我的感觉挺好的，不说每年都来，但最多隔一年就会来一次。每次来都是住在这家青旅。”刘伟群觉得在甘南待着很舒服，很纯粹。“不知道你们去过没有？甘南还有很多不怎么被外人知道的地方，比如郎木寺（地域名称）。在那儿的峡谷走一圈，可以看见郎木寺中间隔着的那条白龙江，一边是郁郁葱葱的植被，里面长满了苔藓，给人非常灵动的感觉。另一边则是苍茫的草原，带着一种豪迈感。这两边不同的景色带给我的感觉完全不一样。”

来甘南学会“感受”

当我们问到他这次前来的主要原因时，他说：“这次我是带着孩子们来的，带他们来甘南学会感受。他们都是6到12岁的孩子，来这边画画，主要是学习唐卡的绘制。”他顿了顿，继续说：“你知道的，每个城市都很像，但甘南不一样。这几天带着孩子们去看了唐卡，画了唐卡，也带着他们去了甘加草原上的溶洞。孩子们在这个过程中学会了感受，学会了勇敢，也知道这个世界上有那么一群人和他们不一样，而这就足够了。”

在他看来，学会“感受”是一种重要的能力。“我现在在做艺术机构，主要是做一种体验式的。之所以做这种模式，是因为在这段时间里我体会特别深。现在全国的大部分艺术教育，为了应试，教的都是技巧，甚至连画一个苹果都是有它的条条框框，而不是教你怎么去感受。”

刘伟群说：“所有不同的感受对他们来说都是一颗种子。这颗种子也许一辈子都不会发芽，但是如果这颗种子在孩子心中种下了，也许有一天就会长成一棵参天大树。”

（作者为兰州大学新闻与传播学院本科生、研究生；指导教师李晓灵、葛俊芳为兰州大学新闻与传播学院教师）

甘南环保六年红色“革命” 禁塑成就美丽生态

姚蓉 周依依 万蓉 刘树洁

在甘南，塑料袋的身影销声匿迹，取而代之的是一种可降解的红色环保袋。如今，甘南的红色“革命”已经进行到第六个年头。

“塑料袋都刮成彩旗了”

在合作市当周街的一家蔬果店里，市民刘先生刚挑选好晚上需要的食材，店主就拿出一个红色的袋子，将食材小心装好。在甘南的商店、市场里和街道上，这种“红袋子”随处可见。

仅在五年前，甘南的街道、草原和山头上还到处都是塑料袋。牛、羊和藏猪误食塑料袋之后出现了大量死亡的情况，而且塑料袋对草原的质量也有影响。“塑料袋长时间放在草地上，氧气隔绝了，或者因为其他的，草会发黑，草也就不行了”，问及过去甘南卫生环境的情况，合作市工商局消保科科长仁钦才让描述道，“一天到晚街上塑料袋飘着呢，风一吹，塑料袋都刮成彩旗了。”

2008年国务院出台了“限塑令”，但在甘南的效果不显著。“限制使用的话，塑料袋的种类还是不好区分，到底哪种用，哪种不用，我们也不好规定。”工商局市场科马晓灵解释道。

对塑料袋零容忍

出于对生态环境和居住环境的保护，2013年5月10日，甘南藏族自治州政府印发了《禁止生产销售使用塑料购物袋的通告》，并决定于6月1日正式开展“禁塑”行动。在全州范围内禁止生产、销售和使用塑料购物袋。

“禁塑令”刚开始实施时，遭到了市民的抵制。市民们已经习惯了免费的塑料袋，对于这项政策并不理解。“塑料袋用完了就能扔，这个环保袋还收钱呢。”刘先生指着桌上的红色环保袋说道。

针对此情况，甘南藏族自治州政府开始在街头免费发放环保袋，加大宣传力度，对市民进行引导和批评教育，倡导大家“拎起布袋子，提起菜篮子”。在甘南，工商执法人员若发现商户使用塑料袋，除当场没收之外，还会按照情节轻重进行不同程度的处罚。此外，每个商铺的个体户都要签订禁塑责任书。“去年六月份，我们现场查处了一个给零售商和乡下小卖部销售塑料袋的商贩。他是签订了责任书，还在售卖、使用塑料袋的，我们一次性罚了一万元，这是情节比较严重的。”工商质监局城南工商所卢常森说道。

经过多方共同努力，市民的环保意识在逐渐提高。市民刘先生笑着说：“现在一般老头老太太买东西的时候都会自带环保袋，大家都已经习惯了。”马先生是为商家提供环保袋的供销商之一，他会不定期地去街上给商户送货，他说：“这个环保袋的成本很高，但是销量还不错。”

现在，和塑料袋相比，市民更倾向于使用环保袋。“肯定环保袋好呀，这个可以重复利用。”在银亿菜市场买菜的路女士接着说，“为了环保嘛，花钱就花钱，而且也花不了多少。”在合作的大街上，和路女士有一样想法的市民还有很多。在他们看来，甘南的绿水青山比眼前的微小利益更为重要。

绿水青山就是金山银山

随着甘南旅游业的发展，2015年，甘南开始了城乡环境卫生综合整治，并提出了“全域旅游无垃圾”的目标。每周五，合作市的政府工作人员都会在各自部门所负责的街道捡拾垃圾。通过干部带动群众，将“环境卫生大整治”活动慢慢地覆盖到了各乡镇。

“环保责任大。为了给子孙后代留下青山绿水，小到禁止塑料袋的使用，大到‘全域无垃圾’目标的执行，在大量的工作之后，甘南的环境卫生也在逐年改善。我们的职责就是要让天更蓝，山更绿，水更清。”合作市环保局局长薛禅生接着说，“环境保护得好，才有更多的游客来，我们的经济才能发展得更好。”

目前，在甘南藏族自治州近六年的“禁塑”实践中，从多数百姓的不理解、不支持甚至反对，到现在绝大多数百姓的支持和点赞；从曾经的塑料满天飞，到现在的红袋随处见，甘南正在经历环保领域的一场红色“革命”。这场红色“革命”对整治城乡环境卫生、革除陋习、走向文明的新气象起到了积极推进的作用，也受到了社会各界和外来游客的普遍赞誉。

行人提着红色环保袋　　万蓉　摄

背景资料：甘南藏族自治州是中国十个藏族自治州之一，位于中国甘肃省西南部，地处青藏高原东北边缘与黄土高原西部过渡地段，是藏、汉文化的交汇带，是黄河、长江的水源涵养区和补给区，费孝通先生称之为“青藏高原的窗口”和“藏族现代化的跳板”，并被国家确定为生态主体功能区和生态文明先行示范区。

（作者为兰州大学新闻与传播学院本科生、研究生；指导教师李晓灵、葛俊芳为兰州大学新闻与传播学院教师）

甘南也要“抖”一“抖”

魏金戈　柴叶婧　陈莉红　郑欣悦

近日一条名为《快剪甘南，你眨眼了吗》的短视频在抖音上获得了114.4万次播放量，1.6万次点赞，这条视频的发布者不同于一般的视频达人，而是甘南藏族自治州旅游局。据记者在甘南藏族自治州旅游局了解到，甘南藏族自治州是甘肃省首家与抖音建立正式合作的政府机构。这条视频也正是在这样的背景下制作出来的。

顺势“抖”一“抖”

根据合作市旅游局相关工作人员介绍，传统的宣传方式主要包括两个方面：“走出去和请进来。”“走出去”主要是指去外地做推介会，邀请当地媒体、旅行社参加；“请进来”主要是指邀请腾讯、今日头条等媒体来甘南进行宣传，包括制作宣传片等。“不在网络上进行宣传，那就是不平衡、不充分的宣传。”甘南藏族自治州旅游局的相关工作

《快剪甘南，你眨眼了吗》后台数据截图

受访者供图

人员这样告诉记者网络宣传的重要性。因为之前西安市政府通过与抖音建立合作，有力地提升了西安的知名度。甘南藏族自治州旅游局也认识到了抖音新潮的传播形式和超凡的传播效力。“老百姓喜欢并且关注抖音，我们就要借助抖音来宣传。”在这样的背景下，甘南藏族自治州旅游局开始与抖音的母公司今日头条进行接触，而今日头条是甘南藏族自治州市旅游发展委员会的签约网络媒体之一，这就为他们的合作提供了便利。随后今日头条为甘南藏族自治州拍摄了多个宣传片，并且指导甘南藏族自治州旅游局的相关工作人员制作抖音短视频。

全面“抖一抖”

甘南藏族自治州旅游局在与抖音建立正式合作后，便有条不紊地开展了相关工作。首先甘南藏族自治州8县（市）旅游委（局）、甘南广播电视台开通了抖音官方账号，传播甘南的美景、美食。并且，甘南藏族自治州旅游局的相关工作人员告诉记者，他们会对运营抖音账号的工作人员提出一些建议，比如下载并学习制作短视频的APP、观看优秀的抖音作品并进行本土化的创作等。

另外，他们邀请网络达人走进甘南，拍摄优秀的作品，并通过达人的流量进一步宣传甘南。7月9日，由甘南藏族自治州旅游局主办，今日头条甘肃区域承办的“‘九色甘南抖起来’抖音大赛达人走进甘南及启动仪式”，在迭部县泰吾赛雍文化产业园举办。抖音达人们会前往郎木寺、尕海湖、尕秀村、当周草原、米拉日巴佛阁、拉卜楞寺、桑科草原等地进行采风踩线活动，通过抖音作品向人们展示甘南的魅力。

最后，甘南藏族自治州旅游局发布了《致全体甘南人民的一封信》的倡议书，邀请全民参与抖音话题#九色甘南等你探#，司法机构可以发具有甘南特色的马背上的司法；教育系统可以发具有民族特色的锅庄舞；牧民可以发放牧的日常，等等。“甘南的旅游宣传需要大家一

九色甘南等你探#活动海报　　受访者供图

起来做。”甘南藏族自治州旅游局相关负责人这样说道。

不是什么都能“抖”

甘南藏族自治州旅游局在积极地促进与抖音建立合作的同时，记者在采访中也明显地感受到了甘南藏族自治州旅游局以及合作方抖音对于上传作品的严格把控。在内容制作方面，有“三不发”，即不能发下流的、不能发低俗的、不能发敏感的。在内容审核方面具有双重审核机制，首先是甘南藏族自治州旅游局以及下面的旅游发改委在上传抖音作品时需要自己部门的审核，然后作品上传到抖音后台后，抖音还会根据自己标准对上传作品进一步审核。甘南藏族自治州旅游局的工作人员将这些审核条件总结为四个字“合法合规”：“不要一上来就把抖音定义为娱乐性质的，是不是娱乐主要看我们发布些什么内容。”

在抖音作品的影响下，有人会为了拍摄一个15秒的抖音作品绕道去一趟抖音上火起来的甘南；合作市旅游局的最高播放量达29万次；甘南藏族自治州旅游局抖音账号的作品在十多天的时间里播放量已经破千万次；九色甘南等你探的抖音话题也正在吸引更多人来参与。

在第十九届中国·九色甘南香巴拉旅游艺术节暨合作市建市20周年的背景下，今年来甘南旅游的人数明显上涨。甘南藏族自治州旅游局期望借机通过抖音打造下一个“网红”城市，扩充自己的新媒体传播渠道。

（作者为兰州大学新闻与传播学院研究生和本科生；指导老师李晓灵、葛俊芳为兰州大学新闻与传播学院教师）

合作“吃四川”：川人女老板的藏地故事

郑欣悦　陈莉红　魏金戈　柴叶婧

这是合作市最平常的一天，阴沉的天细雨朦胧，断线的雨点跌入“吃四川”小吃店门口的水洼里，荡出层层涟漪。而“吃四川”的老板金婵，正穿梭于厨房与店面间，熟练地招呼着客人们就座。店外路人行色匆匆，而店内食客大快朵颐，纵有玻璃店门的阻隔，小店仍吸引着来往过客的目光。

“我87年过来的，刚来这边的时候就打打工，推车卖卖麻辣烫，反正啥都干过。”金蝉颇为感慨地说。1987年，金婵在合作当兵的丈夫退役，为了丈夫，25岁的她带着一岁半的孩子从四川眉山来到这座陌生又落后的小乡镇，同时也开启了她在合作长达三十多年的拼搏之路。

当时的合作只是一个夏河县管辖的小镇，它静静地蛰伏于青藏高原的东北端，养育着一代又一代的原生地子民，同时也敞开着她的胸怀，接纳自远方而来的各地人民。改革开放的春雨滋润了万物，虽有政府大力支持，但合作却终因交通、地域等各方面不利因素，而落后于时代发展潮流。

回忆起初到合作的那段时光，金婵的语气变得有些低落。“才过来的时候特别不适应。这边买不到蔬菜腊肉啥的，这里的人就吃面和糌粑。”看到我们脸上惊诧的表情，她笑了笑：“所以我每次从四川老家那边回来，都得提大包小包的蔬菜、腊肉、卤鸭子之类的东西。”交通的不便和物资的匮乏给金婵的生活造成了很大的困扰，但为了丈夫和孩子，她还是咬牙坚持了下来。

随着国家政策的推行，1998年1月1日，合作市正式挂牌运作，这个原先不起眼的小乡镇，也随之稳步向前发展。然而对于自小生长于巴蜀大地的金婵来说，这还远远不够。20世纪末的合作已经拥有了“市”的称号，但其建设情况却难以与称号相匹配。

“那猪就在土路上跑，人们的素质也不太好。”金婵这样形容着当时合作的市容市貌。当年丈夫忙于工作，要强的她不愿守在家里，于是便也出来做生意，希望在合作市打拼出属于自己的一方天地。在街道上推小车卖麻辣烫，开水产店、酒店、小吃店……金婵尝试过很多次，也失败过很多次。赚钱、赔钱、赚钱、赔钱……在一个地方跌倒了，就再去别的地方重新开始，金婵和这座小城一起，共同度过了那段最艰难的时光。

当金婵的麻辣烫小吃店生意逐渐步入正轨之际，合作市也迎来了发展的黄金时期。在大力发展旅游业的日子里，新楼如雨后春笋般拔地而起，原本被黄沙覆盖的土路换成了崭新的柏油马路。

“吃四川”小吃店是合作第一家麻辣烫店，提及此，金婵一脸自豪。“以前人们下班时，就骑着自行车来我们店吃饭。尤其是到下班时间，店门口就会有一大堆自行车停着。”在那个汽车属于奢侈品的年代，自行车是人们出行的主要交通工具，哪家店门口的自行车越多，便意味着这家店的生意越兴隆，而这成堆的自行车也正是大家对金婵小吃店美味的认可。

然而现今合作市经济环境的宽松以及政府的大力支持正宛如催化剂，催生了一批又一批餐馆的诞生，餐饮行业的竞争也随之愈发激烈。“旅游业发展起来了，来吃饭的外地人多了，但馆子也多了。”作为经营多年的老店，也作为合作市麻辣烫行业的“领头羊”，“吃四川”小吃店虽受到了轻微波及，但仍生意红火，只是来店里吃饭的人由以讲着藏语的本地人为多数变为操着各地方言的外乡人为多数了。而街上成堆的自行车也逐渐消失，取而代

“吃四川”小吃店老板金婵　　郑欣悦　摄

之的是飞驰而过的小轿车和旅游大巴。

金婵和她的“吃四川”小吃店，与日新月异的合作市一同成长着。为了适应当地人的口味，金婵还特意改进了从四川老家带来的辣椒，配制出了香而不辣的独家秘方。正如合作市不断加强自身建设以适应着国家的总体发展，她也以自己独到的方式来适应着合作市。

店的生意更红火了，金婵脸上的笑容也更多了。现在的“吃四川”已在甘南各地拥有了好几个加盟店，金婵曾经艰苦的生活早已一去不复返，而当年那个不起眼的小小合作镇也破茧成了现今的甘南藏族自治州首府。

“现在这里好啊，假期回四川的时候我都不适应啦。”坐在门庭若市的“吃四川”小吃店里，金婵笑着说。

（作者为兰州大学新闻与传播学院本科生、研究生；指导教师李晓灵、葛俊芳为兰州大学新闻与传播学院教师）

九层佛阁下的音乐餐吧

张玉洁　甄建榜　邵倩　白飞

“下一首唱rap吧!”身着牛仔衣，头戴棒球帽的藏族男孩平扬鼓着掌向台上的驻唱歌手示意。在九层佛阁的映照下，合作市区的夜晚静谧庄重，而平扬的“三千•海bar”音乐餐吧稍显躁动。

九层佛阁位于合作市北郊，作为甘南藏族自治州的著名旅游景点之一，九层佛阁每年都会吸引众多游客前来参观。从九层佛阁下来寻找休闲的去处，“三千•海bar”音乐餐吧便会吸引人们的目光。“我们这边的商业区大都是具有民族特色的店铺，”这家餐吧的老板平扬向我们介绍说，“三千•海bar的定位是休闲、rap，我想为年轻人提供一个很嗨的休闲场所。”合作市的海拔是三千米，平扬便把店取名为“三千•海bar”，他说这个名字很美。

我想离家近一点

在开餐吧前，平扬在武汉一家汽车公司上班。2016年大学毕业，本科学习土木工程的他却选择了进入汽车公司学习技术。从技术车间到营销部，从对汽车一无所知的门外汉到能够独当一面的项目负责人，他只用了两年时间。“7、8月份的时候车间特别热，也特别累，有一次为了赶进度我连续工作了48个小时。”他坐在桌前，竖起两根手指说，“那一年，我为公司创造了20万的收入。”

然而在今年，正值事业发展蒸蒸日上的时候，平扬却辞职回了老家。他说：“武汉太远了，爸爸妈妈想让我离家更近一些。”

平扬是家里的独生子，父母都是公务员。在武汉上班的时候，父母就希望他能够回到老家，进入公务员系统工作。他说：“在我们这里，上了大学的孩子回来以后不太好找工作，很多人就去考公务员。”在武汉工作的两年时间内，平扬就三次请假回家参加公务员考试，只是每次都没能成功。对此，他并不觉得遗憾，平扬说：“还好，我也不太想当公务员，不然一眼就看到了未来40年的样子。”

餐吧内景　　甄建榜　摄

没有什么难住我

“想做就要赶紧做，既然考不上公务员，那我就开始自己创业。”说完后，平扬起身向走进店内的一行人打招呼。

从公司离职后，平扬便开始筹措在合作市的创业。从市场调研、店铺注册再到联系合作商，不到两个月，平扬一个人完成了创业前期的所有工作。“这些工作都不很难，只要按照流程就可以办下来了，”平扬继续说，“加上现在开店办证明也比较方便，有一定的资质就可以申请营业许可证，店里有娱乐场所的话就去文化局备案，卖饭的话就去食药检开证明，然后食药检过段时间会检查，合格以后就会发证明。”

在选择菜品上，他始终坚持加盟的理念。无论是咖啡、奶茶抑或是咖喱饭等食物，他都采用了加盟的方式。他表示：“这样的话，即使任何一家加盟公司倒闭了，我都可以重新换一家。”他联系了很多加盟商，找到最正宗的咖喱、咖啡的原料配比，慢慢地形成了自己的菜单。

对于招纳员工，平扬也有自己的要求。店里的员工有四个，都是跟他一样的年轻人。他说：“如果我不会擦桌子不会洗碗，我就不能对我的员工随便提要求。我只希望他们可以踏实工作，他们不会的东西我也可以教他们。”今年嘻哈音乐比较流行，经人介绍，他就请了一位年轻的歌手来驻唱。“他现在还是一名学生，从六年级就开始接触说唱，创作了很多歌曲，我们店里经常放的《I'm from Gannan》就是他创作的。”平扬说。

晚上九点多，驻唱歌手在唱rap　　甄建榜　摄

创业，这才只是开始

合作的夜变深了，三千•海bar却热闹了起来。平扬说：“起初准备开店的时候，我也担心会没有人能够接受，但是现在发现这些担心是多余的。”墙角的桌子边，一个藏族男孩儿仰着头，闭着眼睛，右手跟随rap的节奏轻拍着桌角。他说：“我们这边传统的文化气息很浓厚，但作为一个旅游城市，这里需要一些年轻化的休闲场所，而且现在年轻人也都挺喜欢这种风格的。”

“不过，现在的话还是本地人来店里消费比较多，因为我们现在还是在试营业阶段，外地来的游客不太知道这个店。”平扬正在创办自己的微信号，以此提高三千•海bar的知名度。“我们不仅会推送一些宣传类的内容，也会推送城市周边的生活趣事，丰富微信平台的内容。”

“整体来讲，现在的状况比较符合我的预期，这个店不久就会盈利的。”在问及为什么会选择创业的时候，他冲着我笑了笑说道：“现在不是提倡‘大众创业，万众创新’嘛，国家的政策也挺支持我们年轻人自己创业的。虽然我的店并不能够创造很多的就业岗位，但我觉得我们通过给顾客提供更好的服务，会让我们的城市更受欢迎。”

（作者为兰州大学新闻与传播学院本科生和研究生；指导教师李晓灵、葛俊芳为兰州大学新闻与传播学院教师）

历史永远铭记于心

——雨中寻访杨土司革命纪念馆

甄建榜　张玉洁　白飞　邵倩

2018年7月23日，卓尼的雨断断续续下了一整天。兰州大学新闻与传播学院“重走中国西北角”甘南小分队师生一行17人抵达卓尼后，立即整队赶往杨土司革命纪念馆。

1935年，年仅26岁的范长江单枪匹马，历经10个月的奔波，深入考察了风云动荡的大西北，有了举世闻名的《中国西北角》。范长江的新闻通讯反映了西北人民的生活状况，更真实地记录了红军长征的情况，为探索国家和民族的历史命运提供了重要参考。范长江也因此成为现代中国和邹韬奋齐名的新闻巨擘。不尽长江滚滚来，而今漫步从头越。83年后，我们追寻他的脚步，故地重游访，追念先烈，考察当代西北发生的巨大变化。

天下着大雨，不一会儿大家的鞋子就都湿了，去往杨土司革命纪念馆1 000多米的路程因此显得格外漫长。终于，下午五点多，顺着指示牌我们拐进了纪念馆所在的巷道，迎面看到的

杨土司革命纪念馆　　甄建榜　摄

却是一扇紧闭的大门。此时，纪念馆已经到了下班的时候。

幸运的是，旁边留着的一扇小门开着。走进去后，守护杨土司革命纪念馆的李办麻爷爷得知我们想要进去参观的意图之后，爽快地说道："好，好！"

然而，刚刚进入展堂，纪念馆却突然停电了，馆内一片漆黑。诚挚的李爷爷从自己屋内找出两把手电筒说："如果你们特别想参观的话，就只能用手电了。"

同学们也纷纷拿出手机照明。立时，漆黑的馆内出现了光亮的一角，手电筒和手机发出一束束微光不仅驱散了馆内的黑暗，也仿佛照亮了卓尼，照亮了历史。李爷爷指着墙上的照片一一介绍着杨土司的功绩，叙述着他在任期间与红军的故事。杨土司全名为杨积庆，是卓尼第十九代土司，1932年被任命为"洮岷路保安司令"。1935年中央红军向其属地推进，同年9月，红军长征途经卓尼土司辖区迭部时，杨积庆暗中指示当地藏族群众，为红军抢修已被破坏的达拉沟栈道和尼傲峡木桥，并先后两次开仓供粮30余万担，为红军突破天险腊子口，向洮岷胜利进军提供了坚实的物质基础。李晓灵老师总结道："在那个历史时刻，杨土司可以说是红军的救命恩人。"历史的烟云遮不住太阳的光辉，1994年甘肃省人民政府追认杨积庆为革命烈士，决定建造杨积庆烈士陵园，号召人们学习和发扬他的爱国精神，建设中华民族团结和睦的大家庭。

随后，李爷爷也向我们介绍了在卓尼与杨土司结缘，并传为佳话的范长江和洛克。1925年至1927年，在杨土司的帮助下，洛克走进禅定寺了解藏族文化。他与卓尼有着命中注定的缘分，考察期间洛克购买了卓尼版《大藏经》带回美国。多年以后，卓尼《大藏经》木质雕版在禅定寺大火中化为灰烬，洛克带走的卓尼版《大藏经》成为弥足珍贵的孤本，与他在此留下的大量照片与文字一起，为卓尼这块圣土保

左为约瑟夫·洛克，中为杨积庆，右为范长江

图片源于百度网图

留了珍贵的回忆。相隔十年，年轻的范长江为了中国抗日革命大计，作为《大公报》通讯员只身来到这片土地，拜访杨土司。范长江和杨积庆促膝夜谈，历经千辛万苦写下了大量的纪实报道，向外界生动地传达了卓尼以及卓尼藏族的真实情况。卓尼以及卓尼杨土司由此成为范长江名著《中国的西北角》的重要组成部分。

杨土司和范长江、洛克因卓尼结缘，相识并相知，为中国抗战、民族发展和藏文化保护与传播做出了杰出贡献。他们的精神对当代大学生来说具有特殊的意义，也是我们重走甘南过程中的价值聚焦。

“历史永远铭记于心”，翻开纪念馆参观人员登记表，上边赫然写着这样一句留言。尽管杨积庆和洛克、范长江先生已成为历史，但他们的责任担当、勇气与精神将鼓励我们新闻学子继续前进。

（作者为兰州大学新闻与传播学院本科生和研究生；指导教师李晓灵、葛俊芳为兰州大学新闻与传播学院教师）

洛桑拉姆：带着信仰上大学

邵倩　张玉洁　白飞　甄建榜

洛桑拉姆是我们在拉卜楞寺偶遇的一个藏族女孩，见到她时，她正带着妹妹在拉卜楞寺转寺，一身黑色的阔腿长裤和藏青色暗色花纹的长袖上衣，显得素净淡雅。由于从小接受汉、藏双语教育，她已经可以用普通话跟我们毫无障碍地进行交流。

虔诚的信仰

“来这边转寺的人都是有所求的。”洛桑拉姆向我们介绍说。洛桑拉姆的妹妹有着典型的藏族特色，健康的肤色，一双黑白分明的眼睛。“自从上初中以来，我身体就很弱，一直生病，所以就趁着假期来这儿转寺。”她说。话音刚落，她立马低下头，盯着手中的珠子开始摆弄。洛桑拉姆接过话茬补充道：“转寺可以是一千圈，也可

中午背着孩子转寺的人　　甄建榜　摄

以是一万圈，根据所求的不同转不同的圈数，但是一定要真诚，否则转多少圈都无济于事。”说着，她跟我们一同走出寺院在门口台阶上坐下来聊了起来。

洛桑拉姆的妹妹在兰州的医院已经查过好几次了，一直查不出来什么病因，倒是查出来很多乱七八糟的小病，所以全家人便带着妹妹来这边转寺。“我觉得宗教肯定是有用的，妹妹不太信宗教，不太虔诚，我告诉她，你不虔诚，在这边转一万圈都没有用，如果真正的发自内心地去相信，转三圈也可能就好了。因为是真的有这样的事。”转完寺以后，洛桑拉姆一家还会带妹妹继续去成都看病。

考出去，但依旧会回来

洛桑拉姆正就读于西南民族大学。西南民族大学是很多藏族孩子憧憬的高校，但是洛桑拉姆却表现出些微的遗憾。她说：“我们能上的最好的大学是中央民族大学，但是高考那年正好暂停招生了，所以我只能报考西南民族大学。”在回忆自己的求学历程时，洛桑拉姆觉得并没有什么特殊的：“我们这一代人的教育其实跟你们基本上是一样的，我父亲是当地藏医，母亲在当地开着一家店铺，我从小就被送进当地的普通类学校，学习汉语、藏文、数学之类的，中考考上合作藏中，选择以汉为主的学习，所以就多了一门藏文的附加课，其他都和普通类高中一样，跟你们一起参加全国统考。”

问及在外求学以后，毕业后会不会回到自己的家乡时，洛桑拉姆坚定地说：“当然回来。”她认为外面虽然基础设施条件比较好，发展比较快，但是因为各方面的差异，家乡的生活习惯、人与人之间的交往会让自己更加舒服。“藏族孩子其实什么都知道，但是就是要保持善良，所以相处起来很容易。”

洛桑拉姆和妹妹一起转寺　　　　甄建榜　摄

信仰和上大学并不冲突

“学习汉族历史文化，就是学习另外的一种文化，但是我还是会保持自己的信仰。”洛桑拉姆说，她的信仰是从小潜移默化、根深蒂固的，很多东西在成长过程中是会慢慢显现出来的，然后慢慢会更加相信它。她低头想了想，说：“在现实生活中，父母生你养你，从来没有其他人对你那么好。人在外面不管受了多大的委屈，经历再痛苦的事情，在不知道自己要做什么的时候，你就去孝敬你的父母，这是绝对不会出错的。”她告诉我们，在外面时间久了之后，她自己多多少少都会受到影响，个人主义就会变得特别鲜明，会忽略旁边人的感受。父亲母亲就提醒洛桑拉姆，然后她就会反思，她认为这就是信仰的力量，这就是信仰的教化作用。但是上大学之后，她发现父母有时候也不一定完全是对的。她说：“自己在成长过程中必须要有自己的看法和见解，即便父母是错的，我们也应该去换一种平和的方式去对待，而不是发脾气。”

洛桑还告诉我们，以前藏族女孩子结婚以后是非常辛苦的，但是随着环境的变化，教育程度的提高，女孩子持家观念在不断变化，而且男女的家庭地位也变得更平等。

少数民族的身份并没有对洛桑拉姆的大学生活产生过多的影响，大学里她跟大家一起学习专业课，接受马克思主义教育，她说：“上大学跟民族文化并不是冲突的。”她绞着手，仰头看向天空，回忆道：“在外边上学确实会对我产生一定的影响，但是自己很少能够意识到。只有回到这个地方，周围的人提醒我的时候自己才能够意识到。”在谈及汉语以及现代教育的时候，她认为主要在于自己怎么去理解和接纳。在她看来，至少自己可以掌握到更多的知识，可以看到更大的世界。

藏区很多像洛桑拉姆一样的大学生，他们接受着现代教育，也信仰着自己的宗教；他们憧憬着进步，同样又放不下这片热爱的土地。困惑与思考相互交织，对于在外求学的藏族孩子们来说，这是他们成长的必经之路。

（作者为兰州大学新闻与传播学院本科生和研究生；指导教师李晓灵、葛俊芳为兰州大学新闻与传播学院教师）

年轻人不怕苦，徒步甘南环保路

吴晓莹　刘一鸣

广场上的宣讲会

“你们一定要保护好这片土地。”一个戴帽子的女生弯腰对面前幼儿园年纪的孩子语重心长地说道。这是一群身穿着“守护最美甘南”的衣服、手持宣传海报的年轻人们，在甘南合作市文化广场给当地的小孩子做环保宣讲的一个小片段。他们的热情勾起了笔者的兴趣，笔者来到人群里聆听他们的宣讲，想要更深入地了解这群引起笔者好奇心的年轻人们。

志愿者们手持海报和横幅在广场中进行宣讲 吴晓莹　摄

他们手持着横幅和自己手绘的海报站在广场中央的位置，向广场中的居民们宣传先进的环保知识和环保理念，声情并茂地讲述现代社会的污染现状，向人们强调环保的重要性。并邀请居民们在他们带来的“保护甘南生态，守护最美净土”的横幅上进行签名，共同为保护甘南的高原生态做努力和承诺。

这场位于广场中，由一群年轻人发起和举办的一场简单的环保宣传活动进行了约一个小时，吸引了约三百人的参与和签名。而距离笔者发现他们在广场四周进行宣讲的预热宣传时，时间已经过去了近三个小时。这群年轻人一直在广场上不停地走动和宣讲，脸上始终洋溢着兴奋的神采。

西瓜霜润喉片

晚上八点半，天色暗下来，城市灯光亮起，映出一片辉煌。兰州理工大学环境保护协会徒步营（简称：兰理工环协徒步营）的学生们在广场旁的走廊旁集合，稍作停歇。一个皮肤被甘南强烈紫外线晒得黝黑的男生一走过来就沉沉坐下，靠在廊下的长椅上说："累死我了！口干舌燥，给我片润喉片。"

旁边的学生立刻翻出包里的一盒西瓜霜润喉片递了过去。一时间方才广场上热情洋溢、口若悬河的学生们全都鸦雀无声，纷纷依靠在长椅上垂头休息。有人口渴，拎起一个偌大的蓝色水瓶为自己倒上一杯白开水。

笔者好奇问道："这是你们的水瓶吗，能装多少水？"

"对。能装三升吧。"那个分发润喉片的男生回答说。

"是你们全队人的，都是用这一瓶水？"

"没有没有，我们每人一瓶。"他继续回答道。注意到了笔者的惊讶，旁边的女生接话说："我们每个人除了要带这个六斤的水壶，还有个四十多斤的包。"在他们的介绍下，笔者才了解到这群在合作市为环保宣讲而奔走的学生们从兰州而来，是兰州理工大学环境保护协会徒步营的大学生。他们计划从合作城区开始徒步，到博拉乡、勒秀乡、麻木索那村、完冒乡、临潭县最后至卓尼县，用十五天的时间徒步完成约两百多公里的路程；并且，在期间完成对部分河段水质已达到劣Ⅴ类的洮河流域进行水质监测，对其环境问题和原因、附近居民的环保意识等进行调研。

后来笔者和社团的负责人聊起来得知，他们来自兰州理工大学环境保护协会的社团组织，除了领队读大二之外，他们都是大一的学生。这次活动的目的是通过团队前期了解的资料和实地考察得到的一手资料，徒步走遍甘南洲合作市附近各县乡。通过向当地居民介绍甘南环境的详细情况，让当地居民认识到甘南现在的环境破坏状况，认识到环境破坏给生活质量、经济发展、社会进步等带来的危害。并且，通过团队的宣讲来向居民们宣传环保理念和环保知识，用宣讲和共同承诺签名来带动居民们，从而认识到甘南的环保问题并采取行动，自发地保护环境。

馒头饼子打地铺，立志走完甘南路

后来笔者随着他们的领队来到他们的住所。那是位于甘南环保局六楼的一间会议室，这群学生就是每晚在这里打地铺入眠的。通过和团队负责人了解得知，住在这样会议室的地板上，在他们的住宿环境中已经算是住得最好的几个晚上了。

由于当地的环保局的支持，他们的这种环保公益活动得到了来自环保局提供的不少帮助，如当地情况的介绍、材料交流和提供住宿地点等等。而提供住宿地点对于他们这样的徒步营团队而言，已经是最重要和最有利的帮助之一了。甘南环保局的帮助为他们解决了相当一部分的问题和担忧。

说到这里，带队的学生告诉笔者，事实上团队所有环保检测设备都来自社会捐助，学校也补助了1000元。而由于经费紧张，团队的住宿只能求助于当地环保局，借宿在环保局提供的场地。而他们有时步行到乡下时需要野外露营——睡帐篷。在餐饮上，每个人灌上满满一壶的白开水就是他们的饮料，早中晚啃饼子、嚼馒头是他们一路以来的常态。

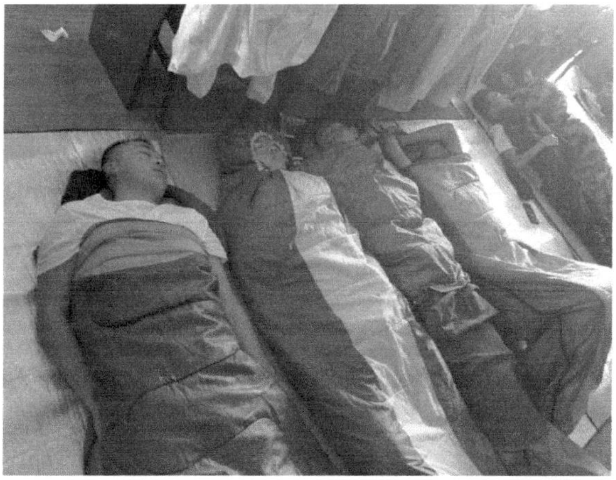

学生们打地铺　　兰理工环协徒步营提供

截至到本文截稿时，这群兰理工环协徒步营的学生们已经再次踏上了去往博拉乡的路途。该团队负责人的微信运动里计步数在上午九时许已经达到了三万七千六百六十八步（注：成年人一步距离约0.6米）。

（作者为兰州大学新闻与传播学院本科生和研究生；指导教师李晓灵、葛俊芳、王臻为兰州大学新闻与传播学院教师）

冉旦尖措

——数年一日，只因热爱

柴叶婧　魏金戈　陈莉红　郑欣悦

“您这样整天盘坐在这里绘画，身体受得了吗？”

“那没办法，习惯了也没事，天天这样坐，天天这样画，画完一幅画，休息四五天的时候会疼。”

“就是说现在画的时候不疼，休息的时候会疼，是这样吗？”

“是这样的！”

冉旦尖措正在绘制作品　　柴叶婧　摄

他头也不回地和记者聊着天，眼睛跟随着手中的画笔移动，时不时将手中纤细的画笔笔尖放进嘴里润湿一下，再接着开始下一步的绘画工作。他就是冉旦尖措，一位唐卡画师，他的工作室被挤在街道一旁窄窄的商铺中，门外人来人往，门里的他正全神贯注地绘制唐卡。

世代家族技艺的继承

冉旦唐卡艺术唐卡工作室在众多唐卡工作室中并不起眼，长七八米，宽两三米，跻身于一方窄窄的土地。可以说，你要是不留心，走在街上根本不会看到它。可就是在这样窄窄的工作室里，有着一位技艺精湛的唐卡艺术传承者。冉旦尖措就是这间唐卡工作室唯一的绘画者，从10岁开始跟随爷爷学习绘制唐卡到现在独立创作，他与唐卡已经“结缘”二十多年了。

唐卡，是藏族文化中一种独具特色的绘画艺术形式，具有鲜明的民族特点、浓郁的宗教色彩和独特的艺术风格，意在用明亮的色彩描绘出神圣的佛的世界。颜料在传统上是全部采用金、银、珍珠、玛瑙、珊瑚、松石、孔雀石、朱砂等珍贵的矿物宝石和藏红花、大黄、蓝靛等植物为颜料以示其神圣，并且保证了所绘制的唐卡色泽鲜艳，璀璨夺目，即使经历几百年的岁月，唐卡仍可以色泽艳丽明亮。

对于冉旦尖措来说，自出生起对唐卡就不陌生。家里世代传承着这门技艺，可以称得上“唐卡世家”。作为家里的长子，他与性格外向的弟弟不同，内向的他更适合学习唐卡这份需要耐得住性子的技艺。在喜欢唐卡的同时他也自觉地承担起了传承家族技艺的责任。在他看来，绘制唐卡的过程可以让他的心灵、生活更加充实。

二十年如一日的热爱

在与记者对话的同时，冉旦尖措多次提到“喜欢”“很喜爱”这样的词。一方面是强烈的兴趣爱好，另一方面他从小就表现出了一定的绘画天赋。现在的他，仍然清晰地记得：“在上小学的绘画课上，（我的作品）说不上第一名，第二、第三名还是经常得的。”

当聊起唐卡创作的流程时，话不多的他仿佛打开了话匣了，开始仔细和记者介绍开来：在画布的制作中，首先需要把棉布的边用线缝上，防止在绷线的时候开口子或者直接被绷断；然后将缝制好的棉布框入木架，涂上石膏待石膏干了以后用鹅卵石和平口碗磨布，这一步主要是为了填补棉布上的缝隙，待棉布表面光滑平整后，绘制唐卡的画布就制作好了。接下来就是进行唐卡的绘画，先用桃树枝烧成的炭条打底稿，然后再用铅笔描线，最后磨制颜料开始上色。跟现在很多电脑绘制不同，二十多年来，冉旦尖措一直坚持自己构思、创作、绘制，这些步骤也早已经烂熟于心。

上色是一个漫长的过程，从佛像周围的花样到佛像的面部，需要分步骤完成，一般一幅作品需要一个多月才可以完成，多则两个多月，极为考验绘画者的耐心。可以看到他身边新绘制的两幅半成品上都标有日期——6月9日、7月3日，他告诉记者，这个日期是他开始制作唐卡的日期，不标记不知道是多少天完成的。当记者问他："您这十多天有时间就一直在画这幅作品吗?""不是有时间，是必须有时间!"他坚定地告诉记者。

关于接触唐卡绘画的时间，他说："从十岁开始，已经二十多年了吧。"这是他的简单浓缩，在这二十多年里，是很多人难以想象的寂寞与坚守，也是唐卡由藏族走向国际，在市场由"冷"变"热"再进入常态的过程。但冉旦尖措的日常一直是"早上六点半起床，七点开始画，吃了饭继续画，不午休。"不是所有人都是这样的安排，这只是唐卡画师个人的选择。

"如果一幅作品在中途上色的过程中出现了差错，还可以有补救措施吗？还是直接就废了?"记者问。"废了。"他回答道。"不管之前花了多少心血吗?"我们进一步询问。"是的。"他简短而坚定地回答。

市场化中的坚守

唐卡于2006年被列入中国首批非物质文化遗产保护名录，距今已有十二年的时间。随着时间推移，唐卡也发生了明显的市场变化，根据相关资料显示，在2014年前后出现了"唐卡热"。"原来只有藏民知道，内地人不知道，现在唐卡已经国际化了，连外国人都知道。"冉旦尖措告诉我们。

同时他还向我们介绍了第一次外国人来购买唐卡的有趣经历。他说："他说话我听不懂，我说话他也听不懂。"记者好奇地问他："那你们如何进行交易呢?""用个计算器就可以了!"他回答道。尽管现在手机上的翻译软件已经非常实用了，可是他从来不使用，对于他来说，计算器表示出价格依然是一种有效方式。

早在前几年，购买唐卡的人就已经不再局限于原来的佛教信徒，其销售对象就开始向游客、收藏家转移，唐卡不可避免地步入了市场化道路。

在百度上搜索"唐卡"两个字前四条都是出售唐卡的网站，但是面对日益扩大的需求量，如何保证唐卡的质量是一个值得我们注意的问题。

在过去，唐卡技艺是通过父子、师徒等小范围进行传承的，并且唐卡制作繁琐，耗时长。这样的产品明显无法满足目前的市场，于是出现了对于佛教理解不够、笔法粗糙的唐卡速成品，另外印刷品也占据了一定的市场。

在这样的环境下，冉旦尖措依然没有改变自己一直坚持的东西。谈到支撑他创作下去的最大动力，他非常坦诚地说："家庭压力大。"虽然需要赚钱维持生计，可是他从来没有为了赚钱在唐卡制作中因追求效率而草草了事。在价格七千多的唐卡中，他坦言，成本价并不是特别高，更多的是他的手工费。在他看来，唐卡的售卖主要还是看手艺，而不是靠宣传，他也喜欢在制作中追求心灵的宁静，画得好了，则一天心情都很愉悦。尽管在一些唐卡绘画比赛中他也获过得精品奖，但是在他这个小小的店内，挂着的全是唐卡，没有一个奖状奖品。他告诉记者："没处放就在家里就那样放着，没有什么讲究。"

他认为，画得好了就行，名气再大画得不好也是白搭，现在大师证书可以花钱买，但技艺永远是自己的。作为佛教徒的他，对藏族文化了解甚多，可是为了成为真正的唐卡创作者，他集中学习了四五年的佛教文化和唐卡制作。二十多年来，他依然没有停止对唐卡中所蕴含的文化的学习。

小小的店门一开，外面是车水马龙喧嚣的世界，关了，则是一方小小的创作世界。但是，不论他的店门开着还是关着，他都一直坚守着自己对唐卡不变的喜爱，坚守着自己构思、创作与绘制，几十年如一日。

（作者为兰州大学新闻与传播学院研究生和本科生；指导教师葛俊芳、李晓灵为兰州大学新闻与传播学院教师）

桑科草原上的那个巴桑

魏开心

夏天的桑科草原，就像一位清朗的女子，自在而静默。洁白的云朵从天边升起，绵延不绝的草坡上面，缤纷的花儿随风摇曳。在去往牧场的路上，我们的心悬而未决。我不敢整理巴桑的故事，也不敢猜想巴桑的生活，我不知道那个去年负债累累几近破产的巴桑大叔，会是怎样的凄苦？是否可以衣食温饱地生活？

一走进牧场，一个高大的藏族汉子就放下手里的马缰，疾步朝我们走了过来。取下那顶藏帽，熟悉的面庞映入眼帘。还是一样的笑容，还是一样的眼眸。巴桑憨厚地笑着，有些局促，眼中闪着光亮。伸出的双手粗糙而温热，额头上的沟壑纵横，去年的那件发白的外套依然穿在身上，见证了草原的烈日，也见证了生活的挣扎。

巴桑热情地邀请我们进门，上炕，妻子达老就跟在他的身后，提着铝壶走了进来，倒完奶茶后就端着盛满白糖、酥油和曲拉的木头匣子放在炕上沿上。达老只是羞怯地笑着，忙着，一句话也不说。巴桑麻利地撸起袖子，洗了手熟练地为我们捏起了糌粑。在奶茶和糌粑的热气中，巴桑的话匣子也打了开来。

流浪：一路向东

三十年前的巴桑还是少年。为了生计学着做起了生意。然而年轻的人啊总是要多走些弯路才能得到教训。19岁的巴桑卖过牛羊也卖过羊毛，赶过潮流也讨过生活，生意失败后巴桑带着剩下的所有积蓄踏上拉萨通往格尔木的火车。带着他所有的期许，这个19岁的昌都少年为了生活，一路向东。

从格尔木出发，巴桑靠打零工维持生计，就这样一路走到了夏河。凭借自己的手艺，巴桑在寺院里做地板，尽管清苦，却也温饱。见他漂泊无依，好心人便将他带到了桑科。漂泊了五年后，昌都的少年终于在这里有了家。他喝过夏河里的水，也吹过桑科草原上的风，空下来的时候，他总是喜欢面向西边静静地看着。因为吹过的西风有故乡的味道。

一个人的日子总是比较好过。可是，他爱上了一个姑娘。在夏河替别人打零工的时候，巴桑第一次见到达老。热情开朗，勤劳能干的达老深深地吸引了巴桑。巴桑决定一定要娶她回家。曾经是流浪汉的经历让达老的父母心存芥蒂，他们不愿意将女儿许配给巴桑，因为不想达老受苦。可达老跟巴桑却无比坚定，他们确定彼此就是要相互扶持一生的人。尽管达老的父母并不情愿，但在达老的坚持下，巴桑还是以女婿的身份住到了达老家中。

巴桑和达老　　　魏开心　摄

本以为漂泊的日子总算可以过去，小日子也可以有些起色，巴桑跟他的达老与日月为识，牛羊为伴，普通地过着普通人的生活。

直到达老的父母将他们赶出来。

勤恳的巴桑兢兢业业地放牧、劳作，却依旧得不到达老父母的肯定，因为他曾经是流浪汉。“离开我们你们是连水都喝不上的”，这样的话听得多了，巴桑便不再爱说话了。有无数次，巴桑想毅然决然地离开，尽管他深爱着这个女人，他也不能再去拖累她。就像当年流浪一样，他想再次漂泊。

达老的话不多，却是最懂他的人。巴桑负气出走的第一天，达老就带着两个女儿找到了他。没有眼泪也没有微笑。这个倔强的藏族女人带着孩子在父母和巴桑之间毅然地选了后者，跟着巴桑一起离开了桑科。

往前是未知，但他们毅然决然；往后，退无可退，但他们无比坚决。这个四口之家终于在科才乡落下足来。除了对生活的勇气，他们一无所有。

不久后桑科乡的村民便自发为他们调和，希望他们可以搬回桑科乡，“他们不管，我们管你们。”“你们没有的，我们都有。我们有的，你们就有。”乡邻们的热心让巴桑心中充满温暖，让他想起了桑科的牧场。

在梦里，巴桑又回到了桑科草原，也见到了那些亲切的乡邻。他和大家在草原上唱着歌，在夜色下喝着酒。梦里他不是流浪汉，也没有被赶出来，他和大家一样是能被别人认可的人。

破产：一无所有

巴桑带着达老和孩子回到了桑科。

东家一头牛，西家一只羊，就连房子也是乡民们一起帮忙盖的。一路磕磕绊绊，弯弯绕绕，终于还是在这桑科草原的土坯房中停留了下来。一家人没有大富大贵，也没有风餐露宿，却也小康安稳。在政府的脱贫政策下，巴桑跟桑科乡的大多数人一样，有一套定点居住的补贴房。只凑了6万元，就住上了20万元的新农村定点居住房。眼看着日子一天一天地变好。

直到2012年，牛羊市场可观，每只羊达到了1 200多块，执烈的巴桑从农村信用社贷款5万，又从村里的互助社贷款1万，还有从亲戚朋友那里借到的，一共凑了71万，全部用来扩大养殖规模。这个藏族男人为了生活有了71万的债务。但在巴桑看来，他背负的不是债务，是未来。是对达老的亏欠，也是对孩子们的责任。一切都是好的，日子依旧不紧不慢地过着。然而，天不遂人愿，2015年上半年的时候牛羊市场日趋低迷，直到2016年初，每头羊亏损将近一半的本金，转眼间巴桑就有了71万元的债务。巴桑的所有积蓄连着对生活的期许一起，消失不见。

按照藏族传统，巴桑把所有的债务人叫到家里，将自己目前所有的财产诚实地列出来，巴桑让债权人根据自己的债务多少依次抵账，包括一只碗，一双筷子，一头牛。

巴桑破产了。

债务人走了，巴桑却流下泪来。曾经流浪的时候他没哭，被驱赶的时候也没哭，如今破产却被藏族的情谊暖下泪来。债务人说今日后，所有的债务不管本金利息，就都抵消。他们希望从此只有新的巴桑和新的生活。

触碰到这个康巴汉子内心柔软的，是三十年前被驱赶时村委会和乡民的帮助，让他和达老在这里安了家。三十年后他破产，帮助他的依然是这些“亲人”，还有不离不弃的达老。“债总会还清的，但日子还得继续，只要肯努力，钱都可以再赚。”说到这里，巴桑害羞地笑了笑，像个做错事的孩子，眼眸依旧放光，仿佛在讲别人的故事。

这是那个昌都少年，也是如今的巴桑大叔。在这里他曾经一无所有，在这里他仍然乐观坚定。巴桑还是巴桑，还是那个依然相信太阳东升西落却仍旧只有一间毛坯房的巴桑。

希望：一如既往

作为重点扶贫对象，破产的巴桑领到了25 000元的养殖扶贫基金，如今11头牛中，有5头就是政府买的。在政府的资助下巴桑也搞起了牧家乐。如今巴桑已经盖起了新房。

从河的对面搬到了河的这面。从土坯房搬到了新砖房。

“政府和乡亲们帮了我们很多，三十年前是这样，三十年后还是受到了帮助。现在好了，一切都好了。”说到这里，达老也笑了起来，只是笑着笑着就哭了。她偷偷抹了抹眼角的泪水，看了看巴桑又看了看我们，抹着眼泪走了出去。

巴桑还在讲着他的故事，达老在门外踌躇不前，好几次都想进来，却害羞得不敢看向屋里。或许是几十年的风风雨雨让她感触，抑或许如今的安稳生活让她感到幸福。在达老心中，巴桑就是她的天。“这么多年来，什么都可以商量着来，巴桑人真的很好。”达老站在门口看着巴桑认真地说道，眼角的泪痕还挂在脸上。

这是第一次见到她哭，这个隐忍的藏族女人一直在巴桑的身后不离不弃，三十年前他们被驱赶的时候是，三十年后巴桑破产的时候也是。而今后，巴桑最大的愿望就是帮儿子娶妻，让他们去放牧。而她和达老就守在这片牧场。说着他看向了达老，羞涩地笑了笑，眼里是康巴汉子特有的温柔。

或许是对达老的歉疚，抑或许是对生活的希望。这个倔强的藏族男人在生活面前从来没有低头，这一刻却流露出了难得的温柔。对于他们来说，幸福是达老看向巴桑时坚定的眼神，也是巴桑拥抱达老时笨拙的双手。

门外新牧场上的格桑花开得正好，和三十年前巴桑刚到夏河的那天一样绚烂。转眼间三十年过去了，这片草原承载了巴桑太多的故事和回忆，也见证了巴桑太多次的大喜和大悲，伴随了巴桑的前半生，也记录了巴桑的脱贫史。

巴桑说过，日子会好的。

现在好了，以后也会好的。

（作者为兰州大学新闻与传播学院研究生；指导教师李晓灵、葛俊芳为兰州大学新闻与传播学院教师）

守护是另一种信仰

魏开心

见到李办麻爷爷是在紧靠在杨土司革命纪念馆后面的一间板房里。昏暗的光线，不大的空间，因为生了炉子却显得温暖许多。

和前几次一样，尽管已经到了闭馆的时间，老人还是热心地为我们开了门。停电的午后，展厅显得愈发幽暗，透过昏暗的灯光，历史的记忆徐徐开启。那些逝去的历史，那曾走过的足迹，都在老人的讲述中逐渐清晰。

“杨土司为我们藏区做了很多好事……”

说起杨土司，老人的脸上瞬间有了光彩。在昏昏暗暗的展厅中，借着微弱的手电筒的灯光，老人为我们讲起了杨土司的一个又一个故事。从儿时到青年，从才华到政绩。就像他曾经目睹过一样，言语中满是骄傲和敬仰。

李办麻老人　　甄建榜　摄

当年红军到达卓尼杨土司辖区的时候，杨积庆土司深明大义、让道供粮，为红军北上做出了巨大贡献。这是杨土司的选择，也是老人的信仰。老人指着展厅中的图片，讲起了当年的历史。

在军令和民族大义前，杨土司选择了后者，眼前的历史也印证了他的选择。老人滔滔不绝地讲述着红军在卓尼的故事，透过微弱的光线，当年国民党给杨土司的剿共执照依稀可辨，而杨土司的选择却永远镌刻在了历史之上。

在卓尼百姓心中，杨土司就是他们的民族英雄，尽管卓尼地处偏僻，却从未与外界脱轨。历任的土司为卓尼做了太多太多的贡献，可以说没有杨土司就没有今天的卓尼。在老人心中杨土司就是他的行为楷模，就是英雄。

时至今日，在老人心中对于杨土司仍然有近乎神一样的敬仰。在杨土司革命纪念馆的后侧方是一间不到20平的板房，那是2012年重建杨土司革命纪念馆的时候为他和老伴盖的。从那以后，老人就和老伴从破旧的楼上，搬到了这里。

几方空间，几件家具，一对老人，时光在这里折旧，但历史却因为老人的守护而愈加清晰。在房间正上方的位置，两位老人还为杨土司供奉着酥油灯，“杨土司是好人，对我们卓尼人做了好多好事。”老人拉目草认真地说着。十七年前，是老人第一次接替姐姐来到这里。当时的纪念馆还是之前苏联专家设计建造的木质结构，她跟李办麻爷爷就住在楼上。没有工资也没有补助，但两位老人还是坚持每天打扫每个展厅，这十年来上过多少次台阶，擦过多少次地板，恐怕连他们也不记得了。

没事的时候李办麻老人总会去看看展馆的图片，自己收集杨土司的故事。“我只读了两年书，到现在字都不认识几个了，都忘了。”尽管如此，对于展馆上的资料和照片，老人却能够倒背如流。有时候来人，老人就义务充当起解说员的角色。这样的日子，一过就是十年。

李办麻与老伴拉目草　　甄建榜　摄

岁月流逝，春去秋来。这院子里的树绿了一茬又一茬，游客也来了一批又一批，从姐姐到李办麻，老人用十七年的时间静静守护着卓尼历史，也守护着杨土司。在他们的心中，默默守护在这里便是对杨土司最大的尊敬。

如今，两位老人从二楼搬到了一楼，展厅也从旧址变了新装。老人不用充当讲解员也可以获得每个月1 500的政府补助。新修的展厅更漂亮也更干净，政府培养的讲解员也更专业更优秀，然而多年来的坚守和习惯，却让老人坚守到现在。和十七年来一样，老人依旧看图识字，收集故事。和老伴在这里守着护着，每天准时打扫展厅，闲暇时相伴说话。这对老人就在曾经杨土司住过的地方，不违初心，静静守护。

“这样的日子，就是我对杨土司最大的尊重。”老人笑着说道，目光里充满坚定。这位历经沧桑而宠辱不惊的老者，在历史的滚滚潮流中独自守望着历史。要经历多少个春秋，多少次挣扎，才能在岁月中沉淀出如此的恬静。“假如有一天我不能守了，我希望国家还能派人来。”

卓尼的雨还在淅淅沥沥地下着。洗去了历史的尘埃，也拂去了历史的沧桑。岁月流逝，唯有老人心中的那份信仰和坚守永远不会老去。曾经这里生活着杨土司，如今这里依然有他的精神。在老人心里，杨土司是长存于内心的精神信仰，也是漫漫岁月中的坚定守护。十七年过去了，老人见证着岁月的匆匆，也守望着杨土司的历史。

杨土司依然活在老人的心中，也活在这片土地。

（作者为兰州大学新闻与传播学院研究生，指导老师李晓灵、葛俊芳为兰州大学新闻与传播学院教师）

唐卡背后的女人

万蓉　姚蓉　刘树洁　周依依

“除了热爱，更多的是为了生活。”19岁女孩刀知吉认为，这是自己选择画唐卡最重要的理由。在拉卜楞地区，唐卡画师已逐渐成为藏族年轻人的一种职业选择。以往，唐卡的制作以男画师为主，很少有女画师。随着唐卡产业的发展，传统创作格局被打破，近十年来学习唐卡的女性越来越多，像刀知吉一样，唐卡背后的女人也越来越多。

初学者的唐卡之路

七月的夏河，偶尔阴雨连绵。与外边拉卜楞街道的喧闹相比，唐卡画师——道吉仁青的唐卡小店显得格外安静，没有人来人往，只有几个学徒正在画唐卡。

墙上挂着一幅尚未完成的唐卡，19岁的刀知吉蹲在地上磨颜料。我们刚到门口，阿吉便招呼我们进来，正在作画的道吉也从身后扯出一个坐垫示意我们坐着说话。

见我们在与道吉师傅聊天，阿吉便搅拌小碗里的颜料，继续自己手中的活儿。来到这儿一年多，阿吉已经开始了唐卡绘画的第二步——给唐卡上色，用一支小小的画笔将颜料沿着画好的线条一点点刷上去，慢慢地，很轻，很小心。“我去年从卓尼来到夏河，一个人租房住，每天从早上7点半到晚上7点，跟着道吉师傅学画唐卡，晚上再自学。”

“从小就很喜欢画画，喜欢民族艺术，经常会画着玩。不想上学，读完高一就想来这学画唐卡。”阿吉对于她现在的状况很满意，“学习唐卡，是因为我喜欢它，虽然有难度，要学的内容很多，时间长，但我挺开心的。”大概一米六高的女孩，脸上有一些小小的雀斑，与人交谈时带着些许的内敛，但她对于我们的问题显得很积极，每次回答都会转过头和我们面对面交谈。

画唐卡，第一步是要熟练线条，这个过程短则一个月，长则四个月。阿吉只用了一个月，这在学徒中是很少有的，尤其是在女学徒中。在阿吉看来，目前正在学的唐卡上色很难。“最短要一年的时间，有时会想急于求成，但师傅还是会要求一点一点从很小的细节出发。”

“经过一年的学习，我有自信画好唐卡。”问及未来的计划时，阿吉说，“可能以后就一辈子画下去吧，找一个画唐卡的丈夫一起在夏河生活，再去教别的小孩子画唐卡，不过现在只是想先学好唐卡。”

“唐卡除了是我的爱好，也是我多年的努力，不想以后对唐卡多年的坚持被轻易放弃。”此外，阿吉也将唐卡视作她生存的手段。“现在，外出找工作都需要高学历，就我自己来讲，接触到的只有唐卡，以后也只能靠画唐卡来生活。”阿吉说。在夏河，一幅唐卡最便宜可以卖到三四千，贵的可达一万多，很多学习画唐卡的人都是以卖唐卡来谋生。

刀知吉正在给唐卡上色　　姚蓉　摄

嫁入唐卡世家

暴雨过后，我们再次来到道吉仁青的小店。

在这个湿漉漉的早晨，走进唐卡小店，便可看见一个女人，坐在角落默默地磨着颜料。这是一个精致的藏族女人，黝黑的脸颊上带着淡淡的薄红，耳朵上挂着一副银色镶边的绿松石耳饰，左手腕上戴着一只银镯子，左手无名指上戴着一个橘色珊瑚金戒指。她的嘴上始终带着微笑，说话不紧不慢。

这是周毛才让，今年32岁，是夏河本地人。她的唐卡生涯是从嫁给吾布金才让开始的，已经16年了。“我嫁到他们家就开始画唐卡了，一点点学。”周毛才让丈夫的父亲，以及他的爷爷，都是绘制唐卡的，而今丈夫也继承了唐卡艺术。才让告诉我们，在夏河，如果一个女孩嫁入了一个唐卡家庭，那么她多半会学习唐卡。她也不例外。

才让一般早上7点半来店里开始绘制唐卡，晚上7点再回家，回家之后也会用小本子练习。起初，她学习唐卡并不是因为热爱，而是嫁入一个“唐卡家庭”里，就理所当然地走进了唐卡的世界。在她身边，也有和她一样的女人，丈夫是画唐卡的，她们也就跟着一起画唐卡。但也有一些女人，原本是画唐卡的，因为丈夫家并不画唐卡，就放弃了。“她们之前学唐卡，就是喜欢。但是因为家里人不同意，夫妻双方工作不一样就放弃了。”才让向我们介绍道。

才让对唐卡的兴趣并不是一开始就有的。“刚刚接触唐卡的时候，学画唐卡很困难，很难集中精力在画上，有时候耐力不够。通过学习，逐渐习惯了画画，也就有了感情，喜欢唐卡了。”在她说话的时候，右手腕上贴着的膏药不小心掉落，她不以为意地将它捡起放在一旁。由于长时间地执笔、磨颜料，她的右手腕下雨天便会出现疼痛。

周毛才让在磨颜料　　万蓉　摄

才让的第一个孩子，名叫达哇卓玛，今年15岁，是一名中学生。才让说，因为耳濡目染，她的女儿渐渐喜欢上了唐卡，会在寒暑假和每个月的空余时间进行学习。对于孩子以后是否和父母一样从事唐卡，她表示主要看他们自己的兴趣。

无声的“唐卡世界”

在夏河，如果一位学唐卡的女孩嫁入一个非“唐卡家庭”，她们往往会放弃学习唐卡，坚持下来的很少。准格草是一个例外，她是一位藏族的聋哑女孩，今年27岁。她从2011年开始学习唐卡，三年后，便嫁入了一个藏族牧民家庭。

结婚后她一度放弃了唐卡。原因是若她继续在道吉的小店学习，没有人可以接送她。道吉解释道：“因为她是聋哑人，没有人接送的话就回不了家。正常人每五天、十天回一次家，但她只能一年回一两次家。”准格草的丈夫是牧民，成日待在牧场，准格草又不能时常回家，两人聚少离多，而且她的丈夫希望她留下一起经营牧场。就家庭原因，她不得不放弃唐卡。

两年后她与丈夫的婚姻走到了尽头。道吉说：“她离婚以后重新回到店里继续画唐卡，现在她在店里又待了两年。她有一个两岁左右的孩子，现在是她的父母帮忙带着。”

作为一位聋哑人，准格草学习唐卡是一件十分困难的事。道吉说：“正常人一般可以主动询问我关于画画的问题，但是对她，我得亲自用手慢慢地一点点地指导。”

见我们在与道吉交流，准格草时不时地转过头看看我们，露出一个内敛的笑容。

与她眼神交汇的时候，她微微对我们笑了笑，拿出坐垫递给我们，然后又回到原位，继续一笔一画地画着唐卡。

近几年，绘制唐卡的女性越来越多，阿吉是目前道吉收的最小的女徒弟。“教过的女徒弟大概有十四五个吧。”在他看来，男孩女孩在学习唐卡的制作过程中并没有什么不一样，在这个过程中都要凭靠自己的努力与勤奋。“有不少女徒弟做得要比一些男徒弟好，只要想做，认真做，就没有什么区别。”

在绚丽的唐卡世界背后，很少有人知道还有一群像阿吉和周毛才让一样的女学徒，用自己的青春坚守着这项传统而又古老的技艺。

（作者为兰州大学新闻与传播学院本科生、研究生；指导教师李晓灵、葛俊芳为兰州大学新闻与传播学院教师）

由“大学生社团来甘南”所引发的感想

刘一鸣　吴晓莹

一群身着“守护最美甘南”队服，手持宣传海报的年轻人在甘南合作市文化广场给当地的小孩子做环保宣讲。这是兰州理工大学环境保护协会组织的“徒步营”活动的一个小片段。

他们大都是大一的学生，这次活动的目的是通过了解的资料及实地环境考察得到的一手资料，徒步走遍甘南下辖的县乡，向当地居民宣传环保知识。

15个人带着1 000块钱的活动经费，背着社会捐助的环保设备，乡下野外露营，睡帐篷、啃烧饼、嚼馒头，是他们的常态。能够在甘南环保局会议室里打地铺，是他们最好的住宿条件。

兰理工环协徒步营于甘南合作的广场环保宣讲

吴晓莹　摄

大学社团设立的初衷是为了推动素质教育。

笔者今年研一，也是从大学时代走过来的。在以往的印象中，某些大学社团的日常，就是搞一些“徒有其表”的活动，令参加的同学们逐渐丧失了对社团的兴趣；还有某些社团活动完全是做给学校团委领导看的，让“下级糊弄上级”的官场病在大学生群体里就开始显现；更有甚者，所谓的就是为了赚取几十块的“入会费”。这样的大学社团谈何素质教育？分明是培养“形式主义”官员的“摇篮”。

然而这次笔者看到了一个大学社团的典范，同时也是大学生素质教育的典范。

司马光在《资治通鉴》里，分析智伯无德而亡时写道：“才德全尽谓之圣人，才德兼亡谓之愚人，德胜才谓之君子，才胜德谓之小人。”著名教育家蔡元培先生也曾说过：“若无德，则虽体魄智力发达，适足助其为恶。”由此可见素质教育尤其是德行的教育乃立人之本。

从这群大学生中，笔者看到他们推广环保观念的过程是辛苦的，“吃力不讨好”的情况司空见惯。但是，这丝毫不影响他们对环保事业的热爱，不影响他们向群众推广环保的热情，尤其是向当地孩子推广时的细心。把这样的事情坚持做下去的同时与之伴随的是“德行”与“素质”的提高。

“人无精神而不立，国无精神而不兴”，吃苦耐劳、无私奉献是我们中华传统美德的一部分。大学生群体作为一个国家备受关注的群体，他们是国家和民族的未来与希望。但是近几年享乐主义、拜金主义、奢靡之风不仅是我们的“社会病”，同时也是“校园病”。如果我们的中华传统美德、中国精神在大学生群体中发生“断层”，这将是国之殇、民之殃。

然而这群大学生甘愿放弃自己悠闲的暑期生活，主动来到甘南为当地的人民群众、环保事业义务做贡献，“徒步走甘南、热情去宣讲”不仅仅为当地群众树立了环保典范，更为大学生们树立了吃苦耐劳、无私奉献的道德典范！中国高校应该不断推动落到实处的素质教育，摆脱形式主义的作风，以更深的责任与信仰培养国家的青年一代，使他们从群众中来，到群众中去，成为真正的栋梁之材！

兰理工环协徒步营于甘南合作的广场环保宣讲

吴晓莹　摄

（作者为兰州大学新闻与传播学院研究生和本科生吴晓莹；指导教师李晓灵、葛俊芳，王臻为兰州大学新闻与传播学院教师）

张建才：我只是个匠人

张玉洁　邵倩　白飞　甄建榜

1967年，18岁的张建才立志为卓尼洮砚扬名，此后50年来，他用自己的坚持阐述了“匠人精神”，用自己的作品为洮砚艺术做出了最富个性的注解。2015年7月，黄河母亲雕塑的创作者何鄂看了他的洮砚作品《鱼龙戏水》之后，不禁惊叹道：“现在竟然还有这么高级的匠人！”

为了洮砚之崛起

1949年，张建才出生于甘肃省甘南藏族自治州卓尼县洮砚乡。伴着打磨石砚的声音，张建才在甘南灵秀的山山水水中长大，他从小便对洮砚产生了极其浓厚的兴趣。“1963年，我14岁，那一年我开始了学习洮砚工艺。没有想到，从此我一辈子就和洮砚分不开了。”张建才笑着说。他跟着同村刻砚师包含文学习刻砚，这个过程艰辛而寂寞，但是年少的张建才却干得有滋有味，很快就脱颖而出，

张建才　　甄建榜　摄

超越了同期学艺的其他4个年轻人，成为佼佼者。他说："我太喜欢这个了，喜欢这个东西就学得快！选石、打坯子，整个学徒期学三年，但是我一到两年就出师了。"说到这些，张建才除了感叹，还颇有点自豪的样子。

学成之后，他被分配到夏河的一个铜矿工作。工作之余，他便拿起从家中带过去的洮砚素材进行琢磨。"那时候的工作很紧张，我就在下班后研究。"张建才回忆道，"我在那里待了10年，《人民画报》《女子画报》我都全订了。那时候工资不高，才六七十块钱，但是那个我必须要订，订上就是为了收集资料。"后来，张建才发现了一个令他很受刺激的现象——端砚、歙砚和洮砚被统称为三大名砚，然而在这些画报中却从来没有出现过洮砚的影子。于是18岁的他立志：一定要将洮砚发扬光大！

经过多年的琢磨，1987年，张建才的作品《龙凤洮砚》终于入选全国工艺美术展览会参展。《鲤鱼跃龙门》《天女散花》以及《鱼龙戏水砚》等作品也纷纷亮相全国各地，洮砚成为炙手可热的艺术收藏品。"这是理想，人不管干啥都得有目标，有目标才有干劲。"张建才从书橱中拿出几本用牛皮纸包着的作品集说道，"虽然洮砚依旧没有上过人民画报，但是这么多书都已经登过了，名声也出去了。我的目标算是达成了吧！"

做洮砚要不断摸索

"你去看看，传统的洮砚都是方的或者圆的，但是我的作品各种形状都有。"张建才指着桌上栩栩如生的《紫石玉兰洮砚》说道，"利用自然做石砚就是我研究出来的。当时我们学的时候，师父教的都是传统内容，变化很小很小。后来我发现自然是很美的，再加上利用俏色（即石头本来的颜色）、石纹来创作就非常好。"所以，张建才没事的时候，总是喜欢静静地看着这些石头，参悟它们的每一道纹理，每一个色斑。那是他和洮砚的凝视与对话，也是和自己寂寞心灵的交谈。

"我有时候看到一块石头，一眼看去，脑海里就会有雕刻的图案浮现出来。我会一个人长时间地看石头，揣摩把它雕刻出来之后的样子。有时候，想得入了迷，甚至会梦见我要雕刻的图案的样子，醒来之后，马上爬起来，按梦里的样子把它雕刻出来。"张建才对着我们喃喃自语。他从事洮砚创作50余年，在掌握洮砚传统的镂空、高浮雕等工艺后，不断摸索、创新，最终形成创作构图不拘一格、因石造势、巧用俏色、刀法细腻的风格。他说："师父只教我们传统的东西，为活儿的精细度把关，但做好洮砚，还需要自己不断摸索。”

张建才指着一方砚台上的祥云图案，一脸陶醉地模仿着吸烟的姿势讲道：“有一次抽烟的时候，我看着吐出来的烟，转着圈向上飘，突然灵感就来了，便创作了这个作品。”随后，他弯下腰，从盒子中拿出另一方砚台，眼睛中放着光，介绍说：“这是《天女散花》，当时这个石料是我徒弟收藏的，我一眼就看上这块石头了，那是天然的天女散花呀。”他抚摸着砚台的纹路继续说道：“你看你看，这个俏色，天然的就是洒落的花呀！徒弟也觉得这是个好石头，但是怕自己给糟蹋了，他还是个学徒。我想徒弟的东西，徒弟自己也喜欢，我不好夺人所爱，就强忍着没有作声。但是，回家之后，我还是念念不忘，这块石头弄得我吃不香，也睡不好。”

“后来，我想，既然他不知道雕什么，又怕糟蹋了石头，那我有什么不好意思要呢？我就打电话给徒弟，说我想买那块石头。”张建才笑着说，“他当时要了250块钱，我还批评了他，这数字不好。”如今，这方250块钱的石头市值已经高达50万，张建才感慨道：“这块石头前前后后大概花了有三年的工夫！”

说着，他将自己依旧收藏着的六方砚台搬到桌子上，一一细数着每个作品的来源与故事。他感叹道：“我一直在回忆这些年我到底做了多少方砚台，也想不出来。不过光是从砚台上取下来不用的毛料，那边都已经堆了好几箱子！但是这么多的作品中，没有一件是重复的。所有的都是我精心构思进行创作的。”他用一块湿布擦了擦砚台后，眯着眼睛指着砚台上的一条条龙对我们说道：“你看，这条龙的胡须是向下的，这个则是贴着脸的，每一个都不一样。做得多了，这些图案就都在心里了。”

我只是个匠人

从事洮砚雕刻50余年来，张建才一直秉承着“精益求精”的信念。即使机械的使用已经成为洮砚经济发展过程中势不可挡的趋势，但是他依旧坚持“纯手工”雕刻，坚持保证作品的艺术水准。

张建才居住的平瓦房摆放着各种花花草草，大厅中，一张简单的桌子和一屉稀奇古怪的工具便成了他的“工作室”。“做洮砚赚钱是一回事儿，但是我更多地是为了追求艺术。如果为了追求钱财的话，早就用机器干了。”他摇了摇头，拿起雕刻用的刀子，在一方尚未成形的洮砚上比划着，说道，“机器雕刻出来的毕竟没有太大的艺术价值，机械的成分太高了。功夫都在这儿呢!”

20世纪80年代，张建才也曾尝试过洮砚的经营售卖，但是很快便以失败告终。他说：“我这一生就是一个匠人，搞经营不行，这基本上已经是事实了。当时在洮砚厂的时候收了一大批砚台，但是在往外卖的时候卖不上个好价钱。我所有的作品都是花费大量功夫的艺术品，往外卖的时候却卖不上应有的价格。”他拿起桌子上雕刻了一半的砚台，发出了爽朗的笑声，说道：“我只是个艺人，不是个商人，我只是在艺术上将洮砚发扬光大。”

自20世纪始，卓尼洮砚因其坚细莹润的质地以及巧夺天工的雕刻，成为收藏、送礼的佳品，洮砚经济逐渐得以发展。当地很多青少年或在当地拜师学艺，或南上求学以做创新，一批在洮砚艺术上颇有造诣的青年才俊涌现出来。“他们将端砚的特色引入洮砚雕刻的过程中，也就是你们在市场上看到的那些素砚。素砚的制作工作量小一些，几百块钱就可以卖了，所以现在比较受欢迎。”张建才拿出一方《仿古四喜抄手》介绍说：“这是我做过的最简单的砚台，我还是觉得要坚持咱们洮砚的特色，做素砚太浪费了。”

30多年前，曾担任中国科学院副院长、国务院副总理的方毅，在看到张建才创作的《古松绕青藤》繁琐精致的图案后，以为一定是一个白发苍苍的老人的作品。张建才大笑着说：“他见到我的时候非常震惊，我才40出头。”然而，张建才其实也记错了自己的年龄，当时的他，仅仅只有34岁。如今，张建才的镂刻手法更加娴熟，构思愈发巧妙。他说：“我作品的特色就是一眼看不完。你一眼看到上边一层，细看的时候却发现里边还有更多的东西，每次看到的都是不一样的。”

张建才指着《天女散花》讲道：“我的跟他们的不一样。尤其是脸部，他们的都是陶人脸，圆乎乎的，我的是一个人一个神色，没有一个重复的。我的作品也没有一个是重复的，我做了一辈子洮砚，没有一个是重复的。再多的人喜欢，我也不做第二件，所以我的作品有收藏价值。”他环视了一圈桌上的砚台，补充道：“钱再多也不会够，我追求的更多还是艺术。”

艺术家的孤独

何为匠人？卓绝之技艺，执着之追求，坚韧之心性！

年过花甲，张建才却依旧步履稳健，只是今年颈椎出了点儿问题，他说这是职业病。说着，张建才抬起手捏了捏脖子，弯下腰给我们倒水。他手忙脚乱地把桌上的东西推到一边，嘴里碎碎念着:“家里东西多，平时不咋收拾，太乱了!”

这处平瓦房是张建才的工作室，也是他的“家”。不远处的街道上有一处新房子，他妻子就住在那里。“我老婆人家根本就不理解我，一辈子我们都谈不到一块去。”说这些话的时候，张建才眼中的光逐渐暗淡了下去。他叹口气继续说道:“孩子们都结婚了，没有和我一起住，我一个人在这里生活，埋头研究洮砚技术。现在女儿放假了，偶尔来这边陪陪我。”

张建才起身收拾桌上的洮砚，喃喃地说道:“我有一个儿子和一个女儿。儿子以前还学过一年时间的洮砚，但是他工作忙，根本没时间做。有一个侄子也在学着做，但是做得不太好。”说着，他合上砚台的盖子叹了口气，语气无限感伤:“70了，我现在也做不动了。这几方砚台就留给儿女们吧。这么好的技术，可惜了。”

临行之前，他递上一张名片，上边写着“张建才，笔名张锲”，他解释说:“锲，取锲而不舍之意。”这一个“锲”字，就是对匠人精神的最好阐释。

（作者为兰州大学新闻与传播学院研究生和本科生；指导教师李晓灵、葛俊芳为兰州大学新闻与传播学院教师）

走访河西

河西线路线简介

韩亮

站在西北看中国，新闻实践走基层。

2018年，是我连续带队重走中国西北角的第8个年头。7月31日至8月7日，我带领21位同学（本科生12名、研究生9名），分成七个小组，在河西走廊上的张掖采访7天，深入甘州区、临泽县、高台县、肃南裕固族自治县、祁连山区、黑河湿地、扁都口、丹霞景区等地，采访并呈现大时代背景下充满着奋斗与梦想的具有典型意义的张掖新故事、新人物，共采写图文作品16篇，陆续刊发在中国甘肃网，其中《孙树碧：移民村里的“平凡人”》《毛福造新房》《祁连山上的赛罕塔拉：安娜回家跳舞去了》《张掖新媒体里的年轻人》《安杨：索朗格马场上的裕固族少年》《祁连山下：就没有我爬不过的坡》《保护祁连山，发展张掖新生态——兰大老学长黄泽元市长与兰大新闻学子座谈素描》等作品真实、鲜活，是张掖线的代表作品。

另外，在这次“重走”中，为确保质量，我自编了三万多字的《重走西北角采写手册》，7月中旬开始培训、策划到现场的采访、写作以及多次讨论、修改到刊发，前后近一个月。总结这次带队走张掖与以往带队的经验教训，有很多的收获与感悟，其中最重要的就是：新闻实践要落地生根。重走中国西北角这个“大篷车”课堂，呈现了未被“打扰”的新闻专业本能与情怀，也体现了新闻学子采访与写作的突出优势，他们“本能”地贴着地面走，爱着百家事，在行进中写作，用个性的眼光去呈现时代的变迁，讲述大时代背景下一波三折的普通人的新故事，用带“露珠”的作品，呈现眼皮子底下的新鲜事。部分媒体同行说：“你们学生写出了我们眼皮子底下的新鲜事，写出了我们忽略了的、熟视无睹的、想写但没写的人物与事。”

安杨：索朗格赛马场上的裕固族少年

蒲瑞华　季铭铭　王天琦

公路上的马蹄声

天空中阴云密布，不时落下几滴细小的雨点。八月初的肃南，虽还处在夏天，却已有了几分秋天的凉意。今天是八月五日，离立秋还有两天。整洁的街道与天气都有着无二的冷清，来往的车辆很少，只有少许的行人与街边开放的花朵相互照应，一片宁静祥和。

“嗒嗒嗒”“嗒嗒嗒”远处忽然传来富有节奏的响动，伴随着引擎的轰鸣声，三匹骏马出现在我们的视线中。紧随在奔跑的马儿之后的，是一辆飞驰的摩托车，车上是一位戴着帽子和墨镜的青年。三马一车，风驰电掣地从我们身旁掠过，在我们惊异与好奇的目光中，消失在马路的另一头。这惊鸿一瞥的情景，让我们决定去追寻这位牧马人的足迹。

游荡中的找寻

“找养马的？那你们来的可不是时候。”出租车司机一听我们要去山上的赛马场找牧马人，立刻来了话头，“前两天赛马节的时候，索朗格赛马场那叫一个壮观，上万匹马啊，连鄂尔多斯那边的马都来参赛了。不过已经结束，现在基本没有养马的还留着了，你们怕是难找啊。”一股失望感涌上心头，此行的结果变得模糊起来。

“我给你们说，这赛马可是个技术活，不仅要马好，还要看骑手的技术，有的马开始跑得快，但没耐性，有的马看着瘦小，但其实……”马果然是游牧民族血液中不可磨灭的印记，司机师傅一提起马就停不下嘴，“那鄂尔多斯的马是真漂亮，三种颜色，马鬃马身马尾。”说至此处，他双手离开方向盘向我们比划着，激动之情溢于言表。我们连忙提醒他注意安全，他嘿嘿一笑又恢复了常态。就在司机师傅不绝于耳的关于赛马的介绍中，我们到达了索朗格赛马场。

下车后，空旷的索朗格赛马场就呈现在我们面前。虽然没有见证几日前的盛大场面与现在的清冷对比，但在阴冷天气的笼罩之下，一股西北草原的寂寥还是扑面而来。不远处的马厩空空如也，地上残留的马粪似乎诉说着几日前的热闹。我们沿着石子路往前走，希望能碰到点什么。游荡了一会，一匹白马跃入我们的眼帘。顾不得脚下的崎岖，我们急忙往前跑去。白马的主人是一个大叔，他正要去遛马。我们表明来意之后，大叔却以不善言辞为由婉拒了我们。阴云又蒙上了心头。这时，大叔告诉我们，对面那辆皮卡车里有一个赛马少年，也是大学生，可能能和我们聊得来。于是我们在大叔的指引下，去了那辆皮卡车，在车里，我们见到了安杨。

追风少年：安杨

安杨今年刚刚20岁，他的身材并不高大，戴着一顶黑色棒球帽，穿着牛仔服，看上去很是炫酷。虽是西北人，安杨却有一种南方人的钟灵毓秀。若你在校园里见到他，定然不会想到他是西北赛马场上策马奔腾的骑手。

初见安杨时，他有一点腼腆，半推半就地接受了我们的采访，向我们讲述了他的故事。

“赛马是我平时的一个爱好。”安杨抚摸着他新买的马对我们说，“放假回来我就会去赛马，很享受这个过程。”安杨在重庆读大学，今年大三，是旅游专业。“平时在学校里我就打打篮球，玩玩游戏，也关注着各种赛马盛会。”

因为是游牧民族，安杨在小时候就学会了骑马，童年就是在马背上度过的。父母也很喜欢赛马，所以对于安杨的赛马爱好，他们也很支持。安杨也没有辜负父母，在他们乡上的赛马比赛中，斩获桂冠。对于一个20岁的年轻人，这项成就也是很厉害了。毕竟安杨也只是个业余赛马手。

在这条路上，最大的矛盾就是学习和赛马时间的冲突。“我最终还是选择更多的时间投入到学业上面，赛马只是我的一个爱好。”安杨对我们说，“但我也会坚持玩下去，因为热爱，毕业以后我会投入更多时间在赛马上。”

赛马是一项高危运动，安杨也并不能幸免，几年来，大大小小的皮外伤数不胜数。最严重的一次，安杨从马背上摔下来，脖子一个月不能动弹。“这些小伤都很正常，在索朗格，还没有发生过很严重的事故。”安杨点燃了手里的烟，“索朗在汉语里是福气的意思，这片土地就是福气之地。”安杨虔诚地说。

安杨在马背上　　蒲瑞华　摄

雨点渐渐密集了起来，安杨翻身上马，向我们展示了他的骑术。马蹄扬起阵阵尘土，在雨天的索朗格显得分外动人。

临行前，安杨向我们发送了他在索朗格策马飞驰的一段视频。里面的他，似乎正在追逐着风。

（作者为兰州大学新闻与传播学院本科生；指导教师韩亮为兰州大学新闻与传播学院教师）

保护祁连山，发展张掖新生态

——兰大老学长黄泽元市长与兰大新闻学子座谈素描

蒲瑞华

2018年8月2日早上，张掖的天空灰蒙蒙的。一大早，兰州大学新闻与传播学院重走西北角河西线一行在韩亮老师的带领下，奔赴张掖市人民政府。在林治波院长的安排下，与张掖市市长黄泽元就张掖市生态保护与发展以及我们的采访选题展开座谈。

我们比预定时间提前20分钟到达会场，桌子上已经整整齐齐地摆放好了每个人的桌牌，足以见黄市长对我们的尊重和认真负责的态度。这也让我们感受到了张掖这座城市独有的柔软。

早上9点，黄市长准时到达会场。在一番简单的问候之后，我院学生向黄市长赠送本次重走西北角河西线队服作为纪念，黄市长也对我们的到来表示欢迎。

黄市长向我们介绍祁连山保护　　蒲瑞华　摄

黄市长与兰大颇有渊源。他曾经在兰州大学管理学院读过硕士研究生，也是我们的老学长。

这次座谈会的主题是祁连山的生态保护与张掖的发展。在座谈之前，黄市长向我们讲述了他的个人经历，他以前也做过两个月的记者工作，并对我们新闻学子表达了高度赞赏。黄市长幽默地说，他自己做记者是一流的、做学者是二流的、做官员是三流的。黄市长的幽默让我们渐渐放松下来，气氛也变得轻松。

黄市长先向我们简单地介绍了祁连山的历史，并表示祁连山的生态保护是党中央高度重视的问题。接着，黄市长从祁连山生态环境的脆弱性以及不同时期的开发破坏入手，强调了保护祁连山生态的重要性。随后，黄市长又向我们举例说明近年来张掖市在祁连山生态保护方面的措施与成果，积极践行“绿水青山就是金山银山”的理念，进一步协调保护与发展的关系。

在介绍完祁连山保护后，黄市长又向我们阐述了张掖市的发展及未来。他指出，当前张掖市正在发展生态经济，进行了生产生活方式、资源开发利用模式的转变。第三产业的旅游业对经济的作用尤其重要。

“我们牢牢坚持‘生态第一，保护优先’的发展方向。”黄市长强调，“生态文化旅游是张掖发展十分重要的一块。”近十年间，张掖市的旅游业呈现飞跃式发展。黄市长用最直观的数据向我们展示了张掖文化旅游的发展成果，并详细介绍了在旅游业方面的发展战略，打造张掖旅游独特的竞争优势。张掖市还设置了宣传奖，激励人们宣传张掖旅游，从而提高知名度，效果也十分显著。

黄市长的讲话向我们展现了张掖这颗丝路明珠的昨天今天，对我们的选题有很重要的引导作用，也是这次重走西北角河西线的开端。

新闻学子认真倾听黄市长的讲话　　蒲瑞华　摄

一小时的座谈很快就结束了，黄市长对时间的把握十分准确，恰如其分地结束了谈话且完整地传达了所有内容，并在会后与我们亲切地作别。

河西走廊是个包容的地方，张掖是丝路上柔软的温情。无论是历史上的丝绸之路，还是如今的一带一路，张掖在当中都发挥着不可比拟的作用。

在这样一块丰富神秘而又柔软的土地上，这次重走西北角河西线也一定会满载而归，我们新时代的新闻学子将见证新丝路的辉煌，也将目睹金张掖在生态建设和高速发展中腾飞。

（作者为兰州大学新闻与传播学院本科生；指导教师韩亮为兰州大学新闻与传播学院教师）

彩衣飘飘

——探访国家级非遗裕固族服饰制作传承人安晓霞

蒲瑞华　季铭铭　王天琦

2018年8月5日的肃南格外阴冷，下车以后的温度只有13摄氏度，对于八月盛夏可以说是十分少见了。我们按照既定的路线，在肃南县祁丰路上前行。

初见安晓霞时，她正在专心致志地缝一块裕固族服装上的配饰里的荷花。见我们进来，她停下手中的活，抬起头和我们打招呼。虽然穿着简单的工作服，但安晓霞的衣服上依旧绣着裕固族特有的花纹。

安晓霞正在缝制衣服的配饰　　王天琦　摄

安晓霞今年55岁，和同岁的丈夫郝登军一起经营着这家裕固族服装制作店。

“与其说做生意，倒不如说是把这些传统的东西流传下去。”安晓霞没有停止缝制，笑着对我们说，“我也很乐意做这些。”她店门前五彩斑斓的裕固族特色服饰正在风中轻轻飘动。

无法割舍的情怀

安晓霞从十几岁开始就跟着祖父开始学习制作裕固族的传统服饰。

“当时就凭着喜欢嘛，就跟着爷爷一起学。”她拿着手里的荣誉证书说，“刚开始的时候爷爷教得也很少，每天只能偷偷学一点。”安晓霞花了很长时间才从祖父那里陆陆续续学到了裕固族传统服饰的制作方法，从配饰到衣服，无一不倾注了她大量的心血。

“以前也没有现在这么多材料，做衣服也就一点点一点点地弄。”常年来的好习惯使得安晓霞做的衣服做工尤其精细。

“真正做这个也就二十八九年的时间，慢慢水平也就上来了。”在刚起步的时候，安晓霞就面临着巨大的挑战。起初这些少数民族的特色文化并不被多数人所认同，加上资金短缺，她一度想要放弃这项技艺。在一个顶着巨大压力的环境里，所行皆是举步维艰。幸运的是，安晓霞顶住了这一切，咬着牙坚持了下来，并遇到了十分支持她的丈夫，制衣技艺也渐渐小有所成。

“我个人是十分支持她目前所做的一切的。”丈夫郝登军看了看妻子，又对我们说，“少数民族的文化本来就很稀缺，只要我们能做的，就努力去做。我们虽然并不有名，但也希望做些力所能及的事。”

传承的困境

在安晓霞的讲述下，我们得知，裕固族特色服饰还有东、西部落之分。她详细地向我们介绍了两个部落服饰的特点，如东部靠近祁连山，气温低，衣服就不开襟；而西部温度比较高，衣服也就是开襟的。两个部落的配饰也有很大不同，但都象征着美好与希望。

在众多安晓霞们的努力下，裕固族特色服饰现在已经被当地广泛接受，除了裕固族外，汉族也会穿。不仅仅是在婚丧嫁娶及重大节日穿，就连平时生活中人们也会穿。

“现在这些非遗的传承其实是很大的问题。”安晓霞顿了顿道，“像裕固族的语言，我们还能说几句，我的儿子就一句也听不懂，更不会说了。”

安晓霞自己有5个徒弟，我们去的时候正好遇见她徒弟里最年轻的一个，但也三十几岁了。

“我也是喜欢才跟着师父学习的。”安晓霞的徒弟如是说。

“现在的年轻人根本不爱学这些，我的侄女也只是对这些配饰感兴趣。”安晓霞的语气有些落寞，“但我也始终在坚持着，谁愿意学，我就给他教，不管身份民族。我知道的都会教给他。”

艺术并不孤独

安晓霞现在已经获得了“裕固族服饰县级代表性传承人”的荣誉称号。她的小店也被评为“张掖市少数民族劳务技能‘出彩工程’实训点”。这一切与她几十年坚持如一日地对传承裕固族传统服饰做出的努力是分不开的。她从抽屉里拿出证书的时候，脸上是抑制不住的激动，手也微微有些颤抖。

“现在我们做非遗的传承也轻松了不少。”安晓霞收起荣誉证书，又跟我们讲了起来，“我们裕固族特色服饰是国家级非物质文化遗产，国家和市上县里都很重视它的传承发展。那些大点的公司基地都有补贴，我这个小店也免除了房租，也不像以前那么紧张了。”政府的大力支持使安晓霞能更多地投身于裕固族服饰的传承上，也促进了民族间的交流与融合。她身边的柜子上摆放着她参加各类活动的合影和荣誉证书，在室内灯光的照射下有些耀眼。

安晓霞获得的荣誉　　季铭铭　摄

“我们裕固族的姑娘出嫁的时候，嫁妆之一就是这衣服了。”安晓霞高兴地说道，“嫁妆里的衣服都是精心制作的，一件要花大概一个月时间。配饰上还会选择祁连玉、玛瑙之类的，收藏和使用价值都很高。”

“我现在就想着，能把我们裕固族的特色服饰推出去，能有更多的人知道它，喜欢它。能把这项手艺传承下去，我就很知足了。”这是安晓霞现在最大的愿望。

临行前，安晓霞执意赠送我们几个裕固族服饰上的配饰作为纪念。她的热情点燃了户外冰冷的空气，使我们感受到了她对民族特色的热爱与执着。

“我就是一个普通的手艺人，就做好我做的，努力把这些东西传承下去。”我又想起安晓霞的这句话。已经走了一段路了，她家门外那件鲜艳的衣服还在风中摆动着。

（作者为兰州大学新闻与传播学院本科生；指导教师韩亮为兰州大学新闻与传播学院教师）

甘州七记

陈艳　陈淑钰

2018年8月1日，重走中国西北角河西分队在兰州西站会师，踏上了去往河西的旅途，我们行程的第一站，在张掖。

张掖市，以“张国臂掖，以通西域”得名，古称甘州，辖区包括甘州区、临泽县、高台县、山丹县、民乐县、肃南裕固族自治县，是古丝绸之路上一颗璀璨的明珠。在通往张掖的动车上，我期待着在张掖遇见浓郁的民族风情、记录平凡而感人的故事，而事实证明，此次西行，不负所望。

一

甘州人似乎更爱吃些碎碎的东西，比如牛肉小饭，比如搓鱼面。

正在舀牛肉小饭的老板　　陈艳　摄

一大早，张掖大佛寺前的董记牛肉小饭门前就挤满了人，有戴着遮阳帽，身着防晒衣的旅客，也有操着张掖口音的本地人。一大群人叽叽喳喳地挤在一起，乱中有序地站在老板的大锅前，随着匀速向前的队伍一步一挪，等着老板舀上一碗热气腾腾的牛肉小饭。突然，老板停下舀饭的动作，用大勺子搅动锅里剩下的小饭，不理会等在锅边渴望的目光，而是朝里间喊："把面下上！"我巴着脖子一看，锅里还有不少汤和面。这时，一个阿姨双手拎着一个大锅向门口走来，包围着老板和锅的人群稍稍散开一点，一大锅小饭倒进了老板面前的那口大铁锅，人群随着喷香的肉汤味又再次围拢上去。没等一会，我也捧上了一碗稠稠的小饭，上面放着扎实的几片牛肉。我想，老板恐怕深谙经营饭店的道理——饭少一点，客人就少一点；信誉好一点，生意就更红火。

那一大锅新添好的小饭，没有花上我吃掉半碗的功夫，就再次被扫荡一空。

二

走进一家搓鱼面的小店，要上一碗炸酱搓鱼面，准备尝尝这道甘州有名的美食。

"你这都背的是什么？我盯着你你还不用心学！"

安静的店里突然传来一声咆哮。我们这才注意到餐厅角落的桌子前坐着一对母子。妈妈是一头利落的短发，还围着围裙，恐怕是这家店的老板娘，这会正指着儿子的脑袋训话。小孩怯怯地抠着手，垂在半空中的脚也无精打采地耷拉着。

"我我……我真的认真背了。"

"认真背了就前后颠倒？还漏掉那么多？"

小孩的脑袋垂得更低了，"我我我"地嘟囔了半天也没说出个啥来，妈妈却仿佛更生气了，把书往桌子上一掼，朝正给我们倒面汤的叔叔走来。

"你去管管你儿子，一下午啥都没背会。"

叔叔也没有说话，拿抹布擦了擦手，才走到儿子旁边。和老板娘不一样，他拉过来一个小凳子，颇有几分憋屈地窝在那，以平视的目光看着儿子。

"来，让爸爸看看你背会了多少。"

小孩在没有那么严厉的爸爸面前似乎胆子大一些，嗫嚅着说："爸爸，我可以再看一遍吗？我有点忘记了。"看着爸爸有皱起来趋势的眉毛，又加了一句："这次我保证背会了。"

过了一会，温习了一遍后，小孩虽然有些磕巴但是完整地背完了那一篇课文，叔叔揉了揉小朋友的脑袋，说："玩去吧！"

小朋友欢呼着向门外跑去，老板娘只来得及冲儿子喊一句："别跑远了！"然后无奈地摇了摇头，说："唉！这小子。"

三

会生活的人老了也会过得有滋有味，就像摩西奶奶一样，78岁开始画画，101岁时举办了个人画展。她的晚年不是垂垂老矣、日薄西山的沧桑，而是用爱好给人生的最后一段旅途添上一抹彩色。

在甘州，我们也遇到了一位这样的老奶奶。

天气太热，街角冰雪优果的店里全是买冰饮解暑的年轻人，我们排在队伍后面，身后跟着一个老奶奶。这位老人家穿得很朴素，素紫色小碎花的长袖，配一条黑色的长裤，花白的头发服帖地被一个卡子扣在脑后。看着她，我脑补出了一个孙子哭闹要喝饮料，简朴老人无奈答应的场景。果然，老人要了一个华夫冰激凌，从曾是餐巾纸包的钱包里拿出两元钱递给收银员。我静静等着蹦出来一个熊孩子来吃冰激凌，没想到拿到冰激凌后，老奶奶先舔了一口。估计是终于感受到我吃惊的目光，老奶奶看了我一眼，仿佛是为了自己年纪这么大还嘴馋而感到不好意思，咧嘴一笑，说："我也爱吃这个。"

没有熊孩子，只有一个到头发花白也愿意用冰激凌给自己一天好心情的老人家。

四

2018年8月4日上午11:52，我们来到了肃南县索朗格赛马场。7月28日，这里曾举行了一场200多万人关注、数千人到场、近万匹马参加的草原赛马大会。悠悠的山风拂过这片山顶上的草原，把几天前挂在高处的印有"2018中国丝路大赛马"

赛马之后，空无一人的索朗格赛马场　　陈艳　摄

字样的旗子吹得猎猎作响，地上随处可见马蹄印，看台边上甚至还有一瓶没喝完的矿泉水。

然而，在那场盛大比赛后的8月4日，索朗格国际赛马场上空无一人，只有不知名的野鸟在空中打着旋，然后落在远处。怀揣着一腔采访热情的我们被寂静的赛场迎头浇了一盆冷水，之前只了解到赛马场全年开放，却没想到开放的赛马场里既没有训练的选手，也没有管理员，只能赶快找些补救措施。上网查到了赛马场负责人安先生的联系方式，电话沟通得知整个赛马场已经放假了，而他本人正在兰州——信息不足，采访只能作罢。

人生需要多几种体验，也许遗憾，才让行走更加难忘。

五

大佛寺是距我们所住的宾馆最近的景点了。去的时候，离大佛寺晚上六点下班只剩一个小时，问了问有没有讲解员，才得知所有的讲解员已经去讲解了，即使买讲解票也听不到讲解。

只好想着自己进去看应该也差不了多少，一般的景点都会有展示牌进行介绍。但是走到大佛殿才发现，除了看到巨大的卧佛之外，依旧什么都不明白。殿里面游人如织，也没有灯光，显得晦暗而燥热。许多人匆匆看过一眼就离去，觉得索然无味。

但有时候知识也是能“偷”来的。殿中还有几位讲解员，正在小声地用扩音喇叭介绍卧佛，周围的人不多，许多人并不能耐下性子听。我们就跟在讲解员身后偷听，才知道原来“降龙罗汉降不住龙，因为龙是天子的象征”“从卧佛的脚顺着佛身往前走，能看到佛的眼睛在一点点睁开”。

由于游人太多，有时候跟着讲解员一不小心就跟丢了，只好再换一位继续跟着听。听到土塔旁的本觉尼姑像时，讲解员身边只剩下两三个人，我看着汉白玉雕成的本觉雕像，想到她誓死守卫着大佛寺的经书宝藏，又在破炕上意外浴火圆寂，才意识到，大佛寺的辉煌，重要的不是文物，而是这位年迈的守护神。

六

下午的丹霞景区，正是一天中最炎热的时候。四周没有可遮凉的地方，丹霞山的红被阳光灼得越发鲜艳。圆形的观景台彻底暴露在烈日之下，上面摆着一个固定的长筒望远镜。

一个小姑娘感到好奇，反复拨弄着这个望远镜，踮着脚尖使劲把小脸凑上去看，看来看去，还是漆黑一片，什么也没看到。

她转过头问妈妈："为什么这个望远镜是坏的?"

妈妈走过来研究一番："这个不是坏的，而是要微信扫码付费才能看。我们用眼睛看也是一样的，还可以用相机拍下来啊。"

站在这对母女俩身旁的一个小男孩听到了这个对话，有些闷闷不乐地走开了，显然他是想要用望远镜看看丹霞山的。

他的爷爷穿着一身迷彩，背着巨大的军用旅行包，精神矍铄，从小男孩身后走过来，从包里掏出来一个小望远镜，放在孙子眼前，说一口京腔："咱们自己有望远镜，还用得着用人家的吗？咱家这个更好！你快看看，远处的山好不好看？它的纹路是啥样?"

七

走到七彩丹霞西门入口的最大一个观景台——七彩霞虹台时，正午的阳光已经把红色的山谷烤得灼人，强烈的紫外线让人只能眯着眼睛欣赏这片大自然的鬼斧神工。路边超市的冰柜前围满了人，我们打着伞，往栈道深处走去。

"妈妈，这是可回收的垃圾吗?"一个小女孩举着被舔得干干净净的雪糕棍，仰着头向妈妈发问。

"是可回收的。你看它是用木头做的，木头材质的垃圾都是可回收的。"

小女孩点点头，把雪糕棍扔到了不远处的可回收垃圾箱里，一路小跑着回到妈妈身边。

"妈妈，今天我有为环保做贡献哦!"

突然，尖锐的哨声响起，所有人都不明所以地向哨声响起的地方看去。只见一个身着蓝色保安服的黝黑大汉从路边的小房间里小跑出来，指着远处喊："出来！里面不许踩!"顺着他手指的方向，看到一个裹得严严实实，脖子上挂着相机的人慌忙翻过围栏回到栈道上来。周围的游客小声说着："应该罚款才对。"见违规的游客回到了栈道上，大叔也没有说什么，回到了小木屋里。人群也都收回注意力，关注起相机捕捉到的美景。还没消停两分钟，哨声又一次响起，大叔又跑了出来，冲又一个走下栈道的游客发出警告。

"那里不能踩！丹霞地貌破坏后是很难再生的！"

确认被警告的游客回到栈道后，大叔摇了摇头，再次走回小木屋，汗珠从脖子上滚落，他黝黑的脸上写满了疲惫。

（作者为兰州大学新闻与传播学院本科生；指导教师韩亮为兰州大学新闻与传播学院教师）

金石老人金石志

——寻访原酒泉师范学校教师张世铭

米瑶

初见张世铭老人，与我想象中的模样不太一样。

原酒泉师范学校3号家属楼2楼，砰砰的敲门声响了许久，才听到里面转动门锁的动静。接着经受了半个世纪风雨洗礼的红色防盗门终于被打开，露出一张慈祥的笑脸。老人白发白眉，眼眶微凹，白衬衫上套着件黑色的马甲，西装裤有点长，裤脚微微卷起。也许是为了迎接我们，老人家还穿着一双皮鞋。

张世铭老人坐在沙发上　　米瑶　摄

老人虽然年纪大了，但是仍然精神矍铄，目光炯炯，口齿清晰。他热情地招呼我们进屋，用一个白瓷印花的茶壶为我们倒了茶，然后低声讲起了他的故事。

三尺讲台五十载，芬芳桃李满酒泉

1928年生于甘肃省金塔县的张世铭如今已经到了鲐背之年，自1950年踏上酒泉中学的讲台，这一站，就是48年。

说起他的教学成果，老人一脸欣慰，笑得满脸皱褶："人家说桃李满天下，我满天下说不上，满酒泉还是可以的。"作为一个师长，最得意的莫过于门下弟子功成名就了，老人掰着手指给我们一个个地数，哪个书记、副市长、部长都是他教过的学生，眼角的笑意越来越深。

"一日为师，终身为父。"这句话在张老的学生们身上体现得恰如其分。"他们前几年还办聚会，就是2006年的时候，一个班里来了20多个人，还给我送蛋糕，算是提前过80大寿。这几年逢年过节他们也会来看我，去年元旦的时候区委书记就带了七八个领导来慰问，给我送了慰问金，大米还有油。"

教了近半个世纪的书，李世铭的学生不计其数，但是他与学生的关系都处得极好，从来没和学生红过脸。"我从来不体罚学生，没有打骂过他们，实在看不过去了就说上几句。"

伏案疾书传文化，金石不渝诗有声

张世铭自称"金石老人"，寓意"一块粗糙的金塔石头，经过磨炼成为有用之才"。

说起写书，老人笑得爽朗："写书陶冶情操、愉悦身心，就和唱歌练书法的作用是一样的，多动手动脑，忙碌一点对身体有好处。"

老人不习惯用电脑，他的书稿都是手写的。

聊到这里，老人带我们走进了他的书房，房间很小，进门左手边是一个单人床，紧挨着床边放了一个书桌，桌面玻璃下整整齐齐地排满了照片，桌后一米处靠墙立着一个三层的木制旧书架。老人笑着拉开了柜子的玻璃门，要拿书稿给我们看。他左手扶着书架，踮脚侧身从最高层取下一个厚厚的牛皮纸档案袋，到胸前的位置时他站直了身子，拂了拂并不存在的灰尘，小心翼翼地转过身将它放在书桌上；然后再转身，取下一袋书稿；直至取了七八个袋子，才过来坐在桌边。整个过程，老人始终都不要我们帮忙。

从1993年开始准备，到2007年，他的第一本书《金石老人史文集》终于问世。在之后十年中，他又陆续完成六本书，《酒泉方言土语及其他》《金石杂吟》《常用农谚俗语精句名言荟萃》《史海拾零》《金石杂记》《金石杂记二》。其中，《常用农谚俗语精句名言荟萃》《酒泉方言土语及其他》两本书公开出版，老人特意翻开书，指着扉页上的书号说，“这是出版社给的书号，是可以上市发行的。”

随着普通话的推广和普及，各种方言土语正在慢慢消亡。《酒泉方言土语及其他》一书收录了酒泉地区方言土语和部分传说、特殊地名、歌颂酒泉的诗歌。

张世铭老人在取他的获奖证书　　米瑶　摄

“方言土语顺口贴切，形象精妙，比如‘bia趟子跑’既体现速度，又有动作，非常生动。写这本书是为了保存地方文化，抢救历史性资料。这些东西也能反映酒泉的地域风貌和风俗人情，不能丢。”老人如是说。

人生难得老来忙，谁说夕阳近黄昏

当我们问到长寿康健的秘诀时，老人颇有些得意。

“我和老伴儿生活习惯都不错。她身体不太好，晚上睡不好觉，现在在那个房子里面躺着。我每天早上七点半起来，吃过早餐后都会去外面走一走，锻炼一个小时再回来。”老人再一次压低了声音，伸手给我们指了指书房旁边紧闭的房门。

“我从退休到现在没闲过。”1996年成立了由退休老教师组成的童心艺术合唱团，当时张世铭老人任副团长，两年后成为团长，吹拉弹唱，组织活动，凝聚人心，直到2004年，因为各方面原因请辞。但至今一直活跃在合唱团，用老人的话说就是：“一来我去活动活动，二来和老朋友们叙叙旧，三的话就是我去了，别人一看老团长这么大年纪还在坚持，也就不好意思不来了，这也是一个鼓励大家的作用。”老人说：“今年合唱团成立22年，我坚持了22年。”

合唱团每周练习两次，分别在周一和周三下午的3点到5点，22年来张世铭老人总是风雨无阻，坚持参加。老人非常自豪地告诉我们，合唱团没有请专业的老师来教，都是团长和副团长给大家排练的，20多个人吹拉弹唱，办得像模像样。团里的演出非常多，有时候是去中小学联欢演出，有时候是慰问解放军，也会去慰问福利院的孤寡老人。

老人有一子一女，都不在身边，只是和老伴儿坚守在矗立了半个世纪的酒泉师范家属院里，和这座灰扑扑的水泥楼一起，饱受风雨，毅然耸立，如一块顽强坚韧的金石，矢志不渝。

（作者为兰州大学新闻与传播学院研究生；指导教师韩亮为兰州大学新闻与传播学院教师）

祁连山下：就没有我爬不过的坡

陈淑钰　陈艳

2018年8月4日，我们计划早上去索朗格赛马场采访。那是到张掖以来最热的一天，早上不到九点出门，太阳就已将后背烤得发痒，连柳树的枝条也热得没有精神。早餐吃了一碗牛肉小饭后已经大汗淋漓，回到宾馆拿上包，站在门口始终不愿迈步。

这种天气真的不适合出门。

我们在马路边打了一辆出租车，刚打开车门就有一股闷热的潮气扑出来。是一位女司机，这倒也不奇怪，在张掖白天开出租车的大多都是女性。这位司机叫曹芳，40岁左右的样子，指甲上涂着红色的指甲油，已经显露出皱纹的脸上显出一些即将接到大单的期待与兴奋。这天早上她虽然六点就出车了，但因为天气太热的原因打车的人并不多，一直到现在也没拉上几个人。

一坐进车里，闷热的空气就包裹了全身，虽然开着车窗但吹进来的风也是热的。我们不由自主地就开始犯困，哈欠连天。

我叹了口气：“今天太热了，刚睡醒现在又感觉特别困。”

“真的，我这两天也困得厉害。”曹芳也附和。

“还是因为阿姨每天开车太辛苦了。”

“其实也不是，我现在怀孕两个月了，反应不太严重，但就是容易困。”

我愣了一下，原来我们车上现在正坐着四个人。

“目光里全是好奇，生活一定很顺遂”

开始的路上，曹芳都看起来很愉悦，她还没去过这个赛马场，我们一路给她手机导航。她是那种面对未知的路很兴奋的人，从后视镜里能看到她的眼睛睁得大大的，眼神里露出光芒，下巴伸得快要碰到方向盘，并没有像她自己说的那样显出疲态，倒是始终精神抖擞。

她看到路旁有卖一整车的大芒果，一个一个都是小尖角朝天摆着，像是秋菊的花蕊，新鲜的明黄色；还有路边的小土狗，耳朵一颠一颠地跑着，试探着过马路：让她想起十年前自己刚刚学车时，开着教练车，突然前面窜出来一只小狗，自己害怕撞着它猛地踩了刹车，结果撞坏了后车的保险杠。

像她这个年龄的女人一般早已失去了探索世界的目光了，不然的话她怎么会还保持着这样的好奇心？我想着她的生活肯定是很顺遂的。

我顺势问起她的第一个孩子，曹芳脸上的喜悦又加了几分。她这个儿子在肚子里的时候就让人省心，当年怀孕的时候，都已经六个月了，她做农活的时候不小心没站稳，一下子从三米高的田头摔了下去，身上也磕破了皮，但她当时没注意到疼，心里想的全是“完了，孩子肯定没了”。周围的人也吓得惊慌失措跑过来救她，把她送到医院检查，没想到孩子居然好好的。

我惊诧不已，心也悬了一悬：“那你家老大今年几岁了？”

“今年14，上初一。”

我想起自己14岁的时候正叛逆得厉害，成天心头冒着一股莫名其妙的怒火。“那真是要辛苦了，叛逆期的孩子不好带。”

“我家那个倒是挺乖的，一点都不叛逆，在家里还帮我做家务。”曹芳突然笑起来，想起最近的一件趣事。有一天快中午12点，她正拉着一个客人，儿子打来电话说：“妈妈，你啥时候回来做饭啊，冰箱里的馍馍都让我吃完了，我快饿死了。”她就交代儿子出去买些面条，等她回去做饭。但是一进家门，刚脱了鞋就觉得困，钥匙一扔就坐在沙发上睡着了，也忘了做饭的事。结果醒来一看，儿子已经把面下好，还炒了两个菜，正围着围裙叫自己吃饭。想起儿子叫自己吃饭时的表情，曹芳又笑了出来。

我心情也好起来，觉得虽然天气热了点，遇到的事都那么让人开心，尤其是昨天，虽然抱着碰运气的态度去采访，结果真的遇见了一个绝佳的受访者，看来今天运气也不会差。“那他还挺厉害的，现在会做饭的女生都不多，男生就更少了，他是什么时候学会做饭的?”

“其实也怪我们大人，我们两口子都跑车，常年不在家里，孩子小小的就得自己学着独立。那时候他连液化气的灶台都够不着，踩个凳子切菜炒菜，做好还要等我们大人回来才吃。怕饭菜凉掉就找来一个盆子，够着盖在饭菜上。”

曹芳更加开心，话也多了起来，提起儿子满脸都是得意，所有人都羡慕自己有个好儿子，自己也觉得有这个儿子真是命里的福气。这样想来，自己现在肚子里的第二个孩子也不会差吧？要是能和他哥哥一样那就更好了。

后来我们才发现，这时的我们完全被愉悦感冲昏了头脑，好运气不会那么偏袒一个人，我们的路途也和曹芳过去的生活一样，还有个坡在静静地等着。

“四十岁还这么孩子气，家人一定很宠她”

聊了一会，车也已经顺着地图的导航下了省道，朝着一座山开去，曹芳一面开着车，一面向我们确定，是这条路吗，怎么一个路标都没有?

我心里也犯嘀咕，一个国际赛马场，还刚刚举办完赛马比赛，怎么这么偏僻难找呢?

顺着导航，车开上了路边的岔道，路很窄，只容一车通过，而且也很陡，我低头再次看了眼导航的工夫，车就猛地熄了火。曹芳显然也吃了一惊，见已经熄火，就开始重新打火启动车子。随着钥匙的转动，车子发出一声不堪重负的闷哼，像是一个得了肺病的老人，猛地提起一口气，却又很快泄了下来，传来离合器升起的“嘎嘎”声，发动机也开始抖动。

车还是没有动。

我拉了拉背包，开始考虑走到目的地的可能性。

曹芳不信邪地再次打火，踩下油门，带着几分恶狠狠的意思说：“开车八九年，就没有我开不过去的坡!”

随着我们忐忑的心，车终于缓缓启动，曹芳得意地看了我一眼，孩子气地向我们炫耀：“我就说嘛，就没有我上不了的坡!”

七拐八绕之后，车停在了索朗格赛马场的停车场，但这个位于山沟里的赛马场，只有我们的车子的声音，随着车慢慢停下，辽阔的天地间，就只剩下了风声和马粪味。

还没下车，我的心就凉了一半。

踩在杂草丛生的砂石路上，我们向着赛马场走去。但没有看到一个人，更没有可能的受访者，这对我们此行是毁灭性的打击。联系了赛马场的负责人，他说赛马场已经放假一周了，而他本人正在兰州。

扑了个空。这意味着打车往返的400多块钱是打了水漂了，也意味着我们得重新寻找选题。巨大的失落感将我们包裹，我们垂头丧气地回到车上，告诉曹芳原路返回。

我们的心情一下子跌落谷底，突然失去了方向，想要原路返回却又觉得不甘心，但也无可奈何。曹芳默默看了我们一眼，拍了拍我的肩膀，伸手重新发动了车子："心态最重要，重整旗鼓重新来过嘛，没事的。"

我心想，你现在怀着孕，儿子宠老公惯的，40岁还这么孩子气，婆婆估计也对小家伙充满期待，一天几乎是要泡在蜜罐里了，心态当然好。

"之前和我老公闹离婚时，整个人都快崩溃了，还好慢慢地把心态调整了过来，不然真的挺不过来。"

我愣了一下，她居然离过婚？

2016年，是曹芳过得最痛苦的一年。这一年，她和丈夫的婚姻破裂，离婚后，孩子被判给了丈夫，曹芳净身出户。

离婚主要是因和婆婆的矛盾而起，婆婆看不惯曹芳娘家条件不好，当初结婚的时候婆婆就不同意。结婚后，生活习惯上的矛盾就首先爆发了。婆婆比较懒，不怎么讲究厨房卫生，曹芳又是个爱干净的人，经常正在炒菜的时候却发现锅檐上有厚厚的油垢，用指甲一抠就是一层黑泥。因此，她常常因为灶台没刷干净和婆婆拌嘴。

婆婆对她的看不顺眼开始日益滋长。每天丈夫一出门，婆婆就开始因为各种琐事挑刺找茬，把曹芳骂得晕头转向，但只要丈夫一进家门，婆婆就住了口。给牛喂水的时候，曹芳去挑来水，一头牛喝两桶，得挑三四回，曹芳让婆婆帮忙喂一下水，自己再去挑，回来后婆婆说已经喂好了，可谁知丈夫后来却发现牛还没有喝水。

丈夫一直以为自己妈妈对媳妇挺好，两个人的关系也不错，曹芳有时和丈夫抱怨婆婆的挑剔，丈夫总觉得曹芳无事生非，反过来还骂曹芳不够孝顺。出嫁从夫，曹芳委屈地咬着下唇，也没说话。

直到那天，快到正午了，曹芳坐在房门口洗衣服，婆婆从早晨起床就开始骂她，连续骂了几个小时也没停。婆婆站在房顶晾种子的地方骂，骂热了就坐到房里打开窗户骂，种种污言秽语不堪入耳，曹芳只当自己聋了听不见，手上捏一搓洗衣粉，接着搓衣服，并不理会。

突然大门打开，一盆洗涮夜里尿壶的脏水朝曹芳泼了过去，曹芳躲避不及，淋得浑身湿透，婆婆指着曹芳鼻子接着骂。曹芳的怒火一下被点燃了，火冒三丈地顶撞了婆婆两句，不巧让丈夫撞见了，丈夫不问青红皂白打了曹芳一顿。洗衣服的水洒了一地，曹芳一头冲出家门就跑回了娘家。

三天后，丈夫到娘家找人，砸门的声音震耳欲聋。接着又和曹芳的两个兄弟一言不合大打出手，衣服被撕烂了，鼻血也被打出来，混乱中误伤了曹芳的母亲。母亲被送到医院后，曹芳觉得心底冰凉，彻夜未眠。第二天提出离婚，一周后，净身出户。

也许是心情抑郁加上常年劳顿透支了健康，曹芳病倒了，查出来得了乳腺增生和宫颈糜烂，都需要手术治疗，而这时，已经到了年关。

民谣里唱着“二十七，宰年鸡”的时候，曹芳做完了治疗宫颈糜烂的手术，一个人躺在病房里，往来的医生和护士都行色匆匆，偶尔聚在一起聊天也都说的是“备年货了没”“今年都买了些啥”之类的话题。打开电视，到处都是阖家欢乐、喜气洋洋的广告，白色的医院都叫过年的氛围染上了些吉祥如意的红色，连病房的窗户上都贴上了大红的“福”字。

孤苦伶仃的曹芳却连躲避这些都做不到——因为手术的原因，她连翻身都需要别人的帮助，更别说找个清静的地方自己待着了。

生活仿佛面临着一条破烂坎坷的陡坡，而曹芳这辆破败的小车，也不再有爬上高坡的能力了。

“家庭这么不幸福，生活一定很愁苦”

我心里沉吟，看着曹芳也多了几分同情，我不知道后来她是怎么从那段兵荒马乱的生活中挺过来的。

我也不知道下一步采访该怎么办。

我们开始慢慢踏上来时的路，两旁的树木凋零枯黄，只能听到汽车轮胎摩擦砂石的刺耳声音，显得别扭难受。不一会就又回到了那个刚刚让车熄火的陡坡，这一次汽车一顺而下，带着一丝凉爽的风也从脸旁潇洒地滑过。

曹芳回过头来看看已经走过的陡坡，眼睛眨了两下：“我就说嘛，你看，这个坡现在看也就这样，有啥可怕的。”

我的心开始动了，慢慢说服自己：“人生需要多几种体验，心态要放好，扑了个空也没关系，要充满热情地寻找下一个选题。”

想起那个春节，曹芳仍然心有余悸。

还好那几天懂事的儿子会来照顾她，而单身一年的丈夫也在失去她后体会到了老婆的好，开始回心转意，想要重归于好。

曹芳心里有气，并没有理会丈夫的服软。住院清理了身体上的疾病之后，曹芳开始调整自己的心情，出去游山玩水、和朋友聚会。曹芳在张掖奋斗了那么多年，却一直还没自己亲自去看过七彩丹霞。

放松了两个月后，回到张掖，用身上仅剩的一点钱租了一辆出租车，开始赚钱——她还欠着住院时借的朋友们的钱。

忙忙碌碌地就混过了2017年，这一年年底，丈夫拜托村子里德高望重的老支书和几个关系好的邻居到曹芳娘家请求复婚，提着礼物态度恳切。曹芳看在儿子的份上，加上丈夫态度有所转变，同意复婚，条件是要和婆婆分开住，一家人到张掖市买房。

听着听着，我突然转念，“既然今天是采访不上了，等会就要路过七彩丹霞，不如今天就去看看‘一眼七彩丹霞，天下群山无色’吧！正好今天太阳好，丹霞就得天晴的时候看，天阴的时候丹霞山的色彩都不那么艳丽了。”

休整好的曹芳就像一个没有后顾之忧的斗士，开始真正为着灿烂的明天而努力着。现在家里已经买了一辆出租车，张掖市区的房子也已经按揭好，开出租的收益也还算稳定，还贷的压力也能承受，儿子一天天长大，变得更加健康可爱。现在还怀上了一个小生命，一切都在向着好的方向发展。

曹芳开始笑，“哈哈，多好！等会把你们送进去了，我还可以在车上睡一会，正好我现在也有点困了。”曹芳又要把下巴伸得快碰到方向盘上了。

那天看完七彩丹霞，终于觉得不虚此行，丹霞山的鲜艳火热算是烙进了我的心里。回到车上时脸上的汗又开始顺着脖子往下流，后背已经全都湿了。车窗一打开就迷迷糊糊地睡着了，后来总感觉隐约听到曹芳说：“过日子就像爬坡，有爬不完的坡，但是没有一个坡，是我开不上去的！”

（应采访对象要求，文中姓名为化名。）

（作者为兰州大学新闻与传播学院本科生；指导教师韩亮为兰州大学新闻与传播学院教师）

李欣：一个书店员工的敦煌情

温燕萍

八月盛夏，炙热的太阳烘烤着这座城市——敦煌。虽是九点多，但在大街上多走几步便感觉燥热、晕眩。白天的敦煌夜市，干净整洁，独显静谧，与夜晚的喧嚣形成鲜明的对比，没有熙熙攘攘的游客，没有琳琅满目的商品，营业的店铺也只有寥寥几家。

一排排的烧烤店和摊位鳞次栉比，只不过店铺关着门，摊位上也尚未摆放任何物品。街上行人屈指可数，整条街仿佛都在静静地等待着夜晚的来临，等待着夜幕下的热闹与激情。

穿街过巷，被一家书店的独特韵味所吸引，定睛一看乃是石室书轩。店员李欣在门前伸展着胳膊，活动着筋骨，准备迎接新一天的顾客。

李欣47岁，今年三月份来到书店打工。

独一无二的敦煌学研究书店

走进书店，抬眼望去，常书鸿先生所题的“石室书轩”四字显得格外醒目。

“这是敦煌学专家常书鸿先生写的，别看这几个字写得有点歪，但老先生画画可厉害了。”李欣一边介绍着店铺，一边向我推荐着销量不错的书。

石室书轩集收集、整理、服务为一体，汇集敦煌学专业资料，虽然也卖些工艺品但还是以敦煌学专业资料为主。“整条街、整个敦煌市也就这一家店关于敦煌学研究的书最齐全，独一无二呢！”李欣骄傲地说道，因为书店的独特，仿佛自己也沾带着荣光。

书店布置简洁大方，左右两排书架摆放着各类书籍与画册，书店上方由喷绘的壁画装饰，代表着敦煌，也代表着中国历史文化渊源，具有浓郁的地方特色。这里既有适合敦煌学学者的专业书籍《中国敦煌壁画全集》《敦煌市志》等，也有适合大众的通俗读物《敦煌壁画故事》《敦煌历史文化》等。除此之外，还有一些名人字画以及古玩、工艺品等，以满足不同顾客的需求。

据了解，石室书轩已建立三十多年，致力于为敦煌学研究者和爱好者提供服务，它对敦煌学的贡献不亚于一位知名的敦煌学家。

不只是单纯地打工

李欣为人和善、健谈，聊着聊着便谈到了自己的经历。

李欣年轻时在南京上大专，学的是小学教育专业。毕业后，在村子的学校任教，当时因为政策原因，没有转正，自此她走上了打工之路。

打工十几年了，书店店员是李欣的第三份工作，第一份工作是卖首饰，第二份工作是卖家具。

“我打工都进专卖店，一般商场我不去。商场人杂素质低，专卖店档次高点，也能锻炼自己。”李欣的一番话让我错愕不已，她继续说，“虽然我缺钱，但我不是单纯地打工、单纯地挣钱，我也要看店面的素质。好歹我也上过大专，（20世纪）90年代的大专在那时候很了不起了”。

李欣介绍飞天壁画　　温燕萍　摄

李欣在首饰店干了六年多，因腿静脉曲张，肿得厉害，于2010年的时候在家休息了一年。在这期间，有很多亲朋好友给她介绍工作，卖衣服、鞋、化妆品等，但她都一一拒绝。她解释道：“我业务能力强，心气儿高，一般人推荐的那些店我都不去，只去专卖店。

在专卖店打工能提高生活档次，学到的东西也多，这就是我的追求。”

不仅在工作上，李欣有着自己的追求，在择偶上，她也有自己的执着。“当时别人帮忙介绍对象，跟我一样的我不找，我要找不一样的。”李欣说道，“他现在在高中当语文老师，啥都会，年轻时玩摄影，到处拍。从小就酷爱写诗，梦想出一本诗集。他的专业成果也很多，家里有一大箱子，都是他的专业论文，还有各种奖项。”说起丈夫，李欣的嘴角总是不自觉地上扬，眼神里尽显崇拜之意。

与社会接轨

打开了话匣子，李欣越聊越激动。对于女儿的教育，李欣显得格外明理。李欣的女儿今年21岁，在庆阳的陇东学院读文化产业管理专业，她希望女儿能够考研，以后找个稳定的工作。

“女儿跟我们说她要考研，若考博物馆学专业的话，需要考高数和考古，她读书少、底子薄，恐怕有点难，所以打算考新闻类专业。”“我们准备给她一年时间，现在就开始督促她复习，虽说是时间还挺久的，但这剩余时间她既要修满本专业的学分，也要学习跨专业的知识，还得早点进行才好。不给她施加点压力，她是不尽全力的。若能考上，自然要供读，考不上就让她出来就业吧！”李欣一边说一边憧憬着。

李欣在整理明信片　　温燕萍　摄

李欣的女儿现在在鸣沙山月牙泉景区做暑假工，帮着卖门票、卖滑沙板。“她这个专业啊，必须得社会实践，多锻炼。刚高考完那个暑假，敦煌有个沙漠越野车赛，需要女生当礼仪。她个子一米七，长得也好看，符合标准，加上那时候工资一百一天，我就让她去了，赚点零花钱也是好的。”李欣一点点回味着女儿的实践经历，“从此以后，她就上瘾了，每年的暑假都想参加社会实践，也不是我们多爱钱，主要是让她体验一下生活，不让她晒晒太阳吃点苦，她就不知道赚钱的辛苦。”

说起社会实践，李欣感慨道：“现在很多的娃娃大学出来，知道的都很少，有的还读成了书呆子，不知变通，这就是与社会脱节造成的。社会实践和书本知识一样重要，要善于将书本知识与生活联系起来，才能将知识活学活用。尤其是文科生更应该博学，在社会上好好锻炼，跟社会接轨，学做人的知识、做事的知识。”这一番话言之凿凿，让人不得不钦佩。

这或许就是敦煌文化孕育下独特的精神品格吧，它接近人民，也接近泥土。

（作者为兰州大学新闻与传播学院研究生；指导教师韩亮为兰州大学新闻与传播学院教师）

毛福造新房

蒲瑞华　季铭铭

虽是八月盛夏，河西的气候却意外地让人舒服。可能是快要立秋的缘故，早上的天空布满了乌云，雨却迟迟不来，只有不时拂过面的几缕轻风让人不觉得那么压抑。又或是七月流火，室外的温度也没有了那种焦灼感。

我们坐在疾驰的出租车里，窗外是连片不绝的玉米地，绿油油的叶子随风飘荡，甚是让人赏心悦目，有的甚至长得有一个小孩高。路两旁的房屋整齐划一，“全国文明村镇”的牌子在路口静静矗立。

这里是小满镇，离张掖市区30公里路程。出租车司机告诉我们，这里所有的地都用来种植玉米，并且选择良种对外出售。小满还是张掖市新农村开发建设的重点地区。

脆弱的老屋

现在是农闲时节，村中的小路上并没有多少行人，只有偶尔来往的汽车打着喇叭呼啸而过，几声清脆的鸟鸣在一个阴沉的上午显得分外动听。毛福站在大门外，看着推土机将面前最后一堵墙夷为平地。

天气并不热，他的鬓角却微微渗出汗珠，额头和眼角都深深地刻上了岁月的痕迹。虽然今年只有49岁，长年的劳作使毛福看上去格外苍老几分。他没有说话，就是看着眼前的一切，手中的烟也忘了吸，任由烟灰变得越来越长，再落下。毛福是土生土长的小满人，农耕生活使他的皮肤变得黝黑。眼前这座正在拆迁的房子，就是毛福的老屋。

“这老房子是上世纪（20世纪）七八十年代修的，也好几十年了。”毛福指着废墟对我们说，“年头太久也就容易破损啊!”

由于岁月的侵蚀和地震等原因，毛福家的老房子不堪重负，墙上裂开了一道一道的缝，不知道什么时候就会倒塌，可能会砸到人，俨然成了一座危房。这使得毛福不得不决定拆房子。

毛福引导着我们进入他们一家人现在居住的地方——他的邻居家。房间的陈设十分简单：一张床、一台电视机、一张桌子、一个大立柜和几张破旧的单人沙发。天花板的四个角也已经脱落下来。房间里一个十来岁的小男孩正在写作业，见我们进去后略有些拘谨地向我们打招呼。毛福告诉我们，这是他大哥的孙子，来他家过暑假。

毛福在借住的房间里　　季铭铭　摄

毛福从兜里掏出笨重的黑色键盘手机，也就是我们看来的老人机。翻找了半天后才打开相册，给我们看老屋拆迁之前开裂快要倾倒的墙壁。

“一到下雨天老房子就开始漏水，拿被子都堵不住，让人不得安宁。”毛福的妻子王清香走进来说着，“现在盖新房子就不担心这些了。”

改变的生活

“现在这边都只种玉米了，一年刨去农药化肥种子钱，净利润也能赚个一万多点。”毛福家里种着十亩地的玉米。在十几年前，这些地都是农户自己想种什么就种什么，一年辛苦下来却没什么收入。直到后来张掖市把小满作为新农村重点建设对象后，统一规划了小满的耕地都用来种植玉米，并成为国家级玉米种子基地。农户们种植的玉米都统一进行收购，生活水平有了明显的提高。

“日子确实是一年过得比一年好了，都是政府的政策好啊!”毛福笑着说。

与其他传统农民不一样，毛福没有那种重男轻女的封建思想。家里两个女儿都已成年，大女儿毕业于西北师范大学，现在在甘州区区政府工作；二女儿今年刚成年，在城里念高中，今年秋天高三，周末和假期就回家里住。

“以前最困难的时候就是两个女儿念书的时候，除了种地之外有时间就去外面打零工。现在都好多了。”毛福又掏出一支烟，却迟迟没有点燃。

“那时候计划生育抓得紧，所以两个姑娘之间年龄就差了四五岁。”提到女儿，毛福的眼睛变得很亮，“两个女儿都很懂事，回到家一有时间就给家里帮忙。”

在我们和毛福聊天的时候，他的二女儿正在院子里生火，准备着一家人以及施工人员的午饭。

新房的期盼

老房子已成为一片废墟，只有屋后的牛棚依然挺立。新房子的地基已经紧锣密鼓地开始筹建。

“修新房子压力也不是特别大。”毛福继续说，“这几年存了点钱，再从亲戚那借一点，国家还会给危房改造补贴，也就够修一栋好点的砖房了。”

说话间，妻子王清香端着切好的西瓜进来：“家里也没啥好吃的，就吃点瓜吧。”这瓜吃起来格外甜。

“等新房子修好，再几年二女儿也就大学出来了，我们也干不动活了，也能闲下来享享福了。”此时，毛福脸上都是对未来的美好向往。

吃过午饭，施工队又开始了工作。天气也在此时渐渐转晴，藏匿了一上午的太阳散发着光热，驱散了阴云。阳光洒在身上，消除了上午的疲惫感，毛福脸上的皱纹也似乎淡化了几分，和妻子一起加入了施工的队伍中。

阳光下，尘土中。一群人努力地建着新房子，不时地用方言谈笑着，一片祥和。不远处翠绿的玉米地也轻轻摆动着，静等收获的季节。

（作者为兰州大学新闻与传播学院本科生；指导教师韩亮为兰州大学新闻与传播学院教师）

明水变迁二三事

——记兰大新闻学子行走南华镇明水村

张倩　王洁

2018年8月6日上午十点，在一段昏昏沉沉的汽车旅途后，我们终于到达高台县南华镇。不同于省东部这几天的暴雨，今天小镇的绵绵细雨甚是温和。我们踏着湿漉漉的水泥路，任由细雨粘在发梢、肩头和衣服上，感受着这座小镇的清凉和静谧。

我们草草地在镇上解决了午餐，搭上一辆闲停在超市前的计程车，朝着明水村方向出发。

乘出租，初得"明水印象"

司机是南华镇人，一位热情、健谈的大姐，在这短短的十几分钟内，她给我们唠叨了不少关于明水的事情。

"你们是去明水村村委会吧，我们镇上的人都熟！"

"我们呀，经常在周末接送村里在高台县上学的学生，这不，我刚送完几个，打算在这里休息休息。"

"记得在我上小学的时候，这莫名出现的明水滩上建起了不小的村子。"

"这个移民基地里有好多村，像明水、明永、永进……都发展得不错，那边靠近铁路的蓝顶房子就是几个村子的养殖户，政府专门为村民盖的。"

"这里不光村子很大，村子与村子之间隔得也很远呐，你们可要想好去哪儿，要不然可麻烦嘞！”

…………

车窗外，绿油油的玉米地快速掠过，远处蓝顶板房排排坐，连成一缕湛蓝的丝带，伴着蜿蜒的铁路，点缀在烟雨缭绕的祁连山脚下……

访书记，深入“明水变迁”

连绵阴雨似乎并没有停的意思，淅淅沥沥地落在这片黄土地上。村委会门口也不见平日在树底下打牌、乘凉的人们，只有陈书记站在屋前招呼我们进去。

“你们来了呀，等会啊，我帮你们联系一下王书记。”他说道。

王治中，明水村党支部书记，1990年从甘肃东部搬到这里，开始了河西移民生活，也是我们此行的采访对象。

“走，我带你们找王书记去。”陈玺章招呼我们上车。

大约两三分钟的车程，我们来到王治中书记的家中，朱红的铁门大敞着，一个衣着朴素的农村妇女在门口篷子下摆好桌椅，喊着几个孩子吃饭，那大概是书记的家人吧。

“你们就是来找我的学生吧！”一个浑厚的声音在众人身后炸开，我们转过身只见一个身穿墨绿色雨衣、头戴草帽的大叔推着电动车走了进来。他慢慢脱下雨衣，随意地扯开衬衣上的几粒扣子，点着烟邀请我们进屋。

在听完我们的来意后，他思索一阵，随后笑道：“我们这儿没啥大事奇事，说说也无妨。”调整了下坐姿，他喝了口水，清清嗓子，跟我们说道：“我是1990年来到这里的，那时候啊，正是经济匮乏的时候，从兰州坐车到咱高台才九块六，抽的也是一毛五的劣质烟。”他弹了弹烟灰，继续说道：“哎，当时这里也是没开发，整片的荒滩，能种的也就一两百亩地，一家守着一两亩地和两百多块的搬迁费哪能活下去啊！还不得去外面打工啊，我呢，当时也是在厂子里做活。”

“但是啊，”王治中顿了顿，重新燃起一支烟，微弱的火光在烟头闪烁，他吐出一口烟雾，微微笑着回忆道，“政府投资建了一条铁路和一条高速公路，这才为我们这些人提供了生计，周围村子里的青壮年几乎都去路边的工厂打工去了，也为开垦这片荒滩积累了本钱呐。”他透过窗户望向远处的祁连山和山下的铁路，眼中闪着兴奋的光芒，仿佛回到那个白手起家的年代。

天意外地晴了起来，炙热的阳光大大咧咧地照了进来，热得人额头直流汗。通过王治中老书记，我们得知，村子因“路”得福，周边建立起来的工厂让村民的收入不断增加。再加上政府对扶贫工作的支持，开垦荒滩，农田硬生生地扩大到一两千亩。不少农户还圈养牛羊，能获得不菲的额外收入。

他大声地咳嗽了一声，狠狠地碾灭手中的半截烟头，叹了口气，说道：“道路完工后，工厂都没了，打工的那些人只得回来种地、养羊，也有几个养殖户做得比较大，但不巧，遇上2008年经济危机，羊价大跌，该赔的赔，该关门的关门。”他继续苦笑道，“几乎没有人敢做大了，青壮年大多出门打工，只有最初来的那辈人留在这里，守着这片快要枯竭的土地，还好近几年羊价回升，事态还算好……”

王治中点着烟跟我们讲述　　张倩　摄

“现在的生活怎么都比之前要好太多了，还是托了改革和扶贫政策的福。”王治中点燃一支烟，深深地吸了一口，感慨道，“咱老百姓的生活就这样了，走一步看一步，总不会太差。未来的日子，还得看年轻的一辈啊!”

畅聊到下午二三时许，顶着烈日，我们起身告别王治中书记。他热情地把我们送到门口，嘱咐要多在村子里看看，或许会有别的收获。我们笑着答应下来，坐上车，离开了书记家。

逛村间，喜见“明水发展”

虽然天气闷热，但行走在浓密的绿荫下，感受着阵阵凉意，还是比较舒适的。村子新修葺的水泥路通向家家户户的门口，崭新的红漆门在阳光下闪闪发亮，打眼望去，新砖房整齐地排在农田对面。

陈书记领我们进了一家尚在装修的人家里，一个穿着粗布外褂、裤子上沾满泥土的男人局促地朝我们走来，动了动嘴，却一副不知该说什么的样子。

来之前，书记跟我们解释道，这家人的土房子在去年冬天毁于一炬，什么都没有了。全家人就挤在旁边的杂物间里，靠着救济的物资挨过了冬天。这不在开春之际，用自己的积蓄加上村民借的、政府帮扶的钱盖了一间新房。

大叔带着我们参观新房，通红着脸，操着别扭的普通话，兴致勃勃地说着："我们的新房加上牲畜的棚子总共六百多平方米，来，看看俺家的小羊羔和大黄牛。"他指着牛棚，跟我们介绍道，一头大黄牛大约能养十年，一年产一仔，三个月就可以把小牛仔卖了，一头两千多，而羊崽一头也七百左右，加上家里种着十几亩地，一亩一年一千多，收入还算不错。

成功脱贫的经历似乎打开了大叔的话匣，他侃侃而谈，跟我们说着这几年不断变好的生活以及政府的帮助。我们笑着应着他，打心底为他们一家感到高兴。

不知不觉，当我们再次回到村委会时，已到下午五点，天还大亮，门口又有了村民打牌的喧闹声。我们趁着天色尚早告别村支书，乘着汽车离开，看着车后渐渐远去的农田、砖房以及入口立着的"移民基地"石碑，在心里默默地告别明水村，告别南华镇，祝福着这些发展越来越好的移民村落，也祝福着那里朴实内敛、积极进取的村民……

（作者为兰州大学新闻与传播学院本科生；指导教师韩亮为兰州大学新闻与传播学院教师）

祁连山上的赛罕塔拉：安娜回家跳舞去了

陈淑钰　陈艳

我们从张掖市坐车两个多小时才在祁连山上见到了安娜姑娘。

2018年8月3日的早晨，肃南的天气雾霭沉沉，空气清凉沁鼻。前往草原的大巴从祁连山脚的康乐镇起步，将盘山公路两旁的景色从光秃的黄土山转成磅礴的林海和草原。道旁安静空无一人，汽车静静地向山的深处驶去，黑翅白尾的鸟儿成群坐在路旁，车近了，就扑啦啦地向天空散去。

海拔在逐渐升高，不清楚现在到哪了，但身体却悄悄地起着变化。下车拍完雪峰的年轻男孩把相机挂在脖子上，想要回到十几米开外的大巴车上，慢跑到车门时，还是扶着前门低头喘了两口气。

大巴车的终点就是赛罕塔拉，一片依山而生的草原，躺在祁连山山脉的坡顶。这里是裕固族人的生息地，坡这面是草原，坡那面是青松矗立的森林，坡底是裕固的圣湖，清浅的云就在坡上滑来滑去。转身即转山，换眼即换景。

冷色调的山水，却被几个衣着鲜艳而热情的裕固年轻人点缀着。他们载歌载舞，化成几个这清寒祁连山上充满暖意的小点。

这几个小点是古老赛罕塔拉的青春。他们唱马背上触摸到的月光，也唱被妈妈亲手带上红缨帽的新娘……男孩子穿着蓝色的马袍，扎着金黄色的宽腰带；女孩子穿着玫红色的长裙，戴着毡皮红缨帽。他们是康乐草原游客服务中心的歌舞团，是裕固族的新鲜血液，也是祁连山的儿女。

他们在祁连山上出生，后来随着搬走的家离开祁连山，但如今他们又回来了。

没有信号也要玩抖音

我们见到他们的时候，歌舞表演已经进行到一半。这是一个用木栈道搭成的观景台，前面是一块红地毯，上面摆着两个音响，后面是两个毡包，分别是他们男女队员各自的更衣室，再后面，就是祁连与天空交接的辽阔。

音响的声音极大，有的年轻人受不了震耳欲聋的声音，鼓几下掌就离开了，只剩下几个上了年纪的人坐在椅子上认真地看起来。想看看手机，但发现这里没有信号，于是接着看表演。

正在进行的歌舞描绘的是裕固族女儿出嫁的情景。站在最中间表演新娘的女孩就是安娜，穿着裕固族新娘专属的绿裙，头上红缨帽的流苏飞扬起来，又轻轻搭在帽檐。安娜的舞蹈动作看起来比身旁的两位伴娘更为柔美潇洒，她是这个团队中的主舞，也是他们公认队里面最漂亮的女孩。

一个小时的表演结束了，音量巨大的音响也关了，一瞬间能听到祁连山的回声。男队员们换了身T恤，三五个一起要去山里走走，边走边唱，好像刚刚表演时唱得还不够尽兴，你唱我和地慢慢走远。我问安娜和剩下的女队员们可以合个影么，她们说："当然可以啊，但等一下，我们想拍个抖音。"

四个女孩站成一排，又找了一个男孩子坐在前面端着手机拍，她们想唱跳现代舞。但她们显然还没有排练过，动作也正在商量，但几秒钟后，每个人嘴里念着节拍，相互看一看动作，一遍过后，第二遍四个人就已经可以把动作合在一起了。

第三遍，开拍。

和之前的正式表演不同，她们这次大声唱着歌词，跳舞的节奏快了很多，敛了些柔美，却展现出流行舞的爆发力。安娜的红缨帽上的流苏摆动的频率也加快，上下震荡，一下一下地抽着远处山上的青松，"啪

安娜在跳舞　　陈艳　摄

啪”地打着帽檐。快乐开始溶解在祁连上空，拍完之后，四个姑娘弯着腰笑作一团，蹦蹦跳跳的，祁连山又开始响起回声了。

她们才不关心自己拍的抖音有没有人看，自己开心就足够了。“在祁连山上唱歌跳舞有什么好拘束的，就和在家里一样，我们小时候就在这学会的唱歌跳舞。”

安娜和另外三个女孩一起跳舞拍抖音　　　　陈淑钰　摄

小时候的祁连山

抖音拍完了，几个女孩走到舞台旁边卖牦牛酸奶的小帐篷摊里去吃午饭。那家店的店主是一个四十多岁的女人，也是裕固族人，肤色很黑但眸子有神，早早为她们准备好了午饭，韭菜包子、大米稀饭和牦牛酸奶。

她也邀请我们一起吃，“不要钱的”，说着就要起身盛饭。但我们刚刚吃过东西，就婉拒了她的好意。

安娜介绍说这个阿姨是她的亲戚，“但怎么说呢，我们裕固族几乎所有人都是彼此的亲戚。就算以前不认识，但聊一聊就肯定能扯上一些远的近的关系。”

我们坐下后，安娜喝了一口茶润润嗓子，抿一抿涂着鲜艳口红的嘴唇，然后指着身后的那片山坡给我们看，那就是她的家，准确地说，是以前的家。她从小就在这一片山上放羊，对这里的沟沟坎坎都如数家珍。“裕固族的人都喜欢唱歌跳舞啊，小时候放羊就和小伙伴们一起唱歌跳舞，互相教，爸爸妈妈也教。”

“不过去年我家就搬走了，搬到了肃南县城里。”2017年政府开始整治祁连山国家级自然保护区生态环境问题，将祁连山划分成核心区、过渡区和实验区三个区域，核心区是重点保护区，从核心区搬出的牧民家庭一共有149户，安娜家就是其中之一。从此她家也就不再需要放牧了，虽然不像父辈那样抵触离开自己生活的环境，但有时候她也挺怀念小时候住在毡包里的生活。

在她的记忆里，草原上的一天是从溢满毡包的茶香味中开始的。

早上天还蒙蒙亮时，妈妈就已经起床，在帐篷外生起的第一簇火苗里开始裕固族牧民的一天。耐存放的砖茶，是酥油最好的伴侣，煮好的一锅早茶，老老少少都喜欢喝，也是牧民最熟悉的味道。爸爸也开始早餐前的忙碌——他得把羊放到自家的牧场上去。走到羊圈前，爸爸伸着食指数一遍羊，就打开羊圈的门，任由它们自己跑出去，它们一般就在家门前的一片草场上活动，不会跑很远。如果狼来了的话，羊会叫的，所以也不怕。

这些收拾好，太阳才慢悠悠地从山坳里爬上来，金色的晨曦铺满草地，白色的帐篷都映成了黄色，草叶被风吹得蓬松。她和弟弟这时候起床，一家四口就坐在一起，闻闻奶茶的香味，享受惬意的早茶。

饭后，安娜得去看看羊在哪，有没有跑到别人家的草场里。其实也不麻烦，牧民的帐篷一般建在山脊的缓坡上，往前走几步，就能看见整个山谷。安娜只需抬头一望，就能看见自家的羊在远处的山坡上安详地吃草。小孩子贪玩，唱歌跳舞就忘记看羊，没准羊就丢了，也不知道是跑丢了还是被狼吃了。爸爸妈妈就得翻山越岭找羊去，但是安娜却不太会受到责备，因为在裕固族人的眼里，女儿是最珍贵的宝贝，是比男孩子更受喜爱的。这也反映在她们民族的歌曲中，裕固族的歌舞大多都是关于女儿出嫁的故事，或者歌颂伟大的母亲。

但牧民的生活也伴随着汗水和病痛。每到开春，因为牛羊太多，加上要畜草相宜，家里就得租别人空闲的草场，每年至少要花六万多在租金上。而常年在草地上生活，吹着祁连山冰冷的风，大多数牧民都会得上关节炎和类风湿。牧民年轻时勤劳奋斗，不会在意这些，但等到年老时，这就变成了一道折磨人的催命符。

“我奶奶的肘关节和膝盖就一直不好，手指的关节还肿着很大的包，胳膊和腿也伸不直。”安娜的睫毛闪了闪，“很多老人都因为生病就卧床不起了，山里也没办法治病，最后……人就没了呗。”她的声音到最后也变得很小，“所以从这方面来说，现在搬到县城去真的好太多了，老人生病了都能去治病了。”

归来

其实安娜在上小学时，就不住在山里了。牧民们希望自己的儿女能接受教育，不愿意他们一直生活在山上，大多早早就把孩子托付给县城的亲戚去带。就这样，安娜和弟弟后来在肃南县上学期间都一直住在奶奶家。

2016年安娜大专毕业，学校在山东。因为学的是学前教育专业，毕业后就找了一个幼儿园的工作。安娜第一次接触那么多小孩，觉得束手无措。每一个小孩都是要被照顾的，这可比照顾小羊羔麻烦多了。吃饭的时候需要让他们不要把饭洒在衣服上，午睡的时候要哄着才能睡着，小一点的孩子甚至还不会自己上厕所，安娜要去给他们擦屁股，有的时候一个屁股还没擦完下一个屁股就在等着了。站在卫生间里，手里拿着手纸的安娜突然感到一阵茫然。

她从小自由惯了，没有被拘束过，这个工作让她觉得自己被小孩“绑架”了。她觉得当初压根没规划好自己职业发展的路。

她回到了祁连山。

搬家之后，生计成了问题。牧民们大多不能适应城市的生活，自己除了放牧什么也不会做，但好在政府给每家每年都会有补贴，一年五六万块钱。以前放羊虽然能挣11万左右，但除去租草场、给牛羊治病等等的花销，一年差不多也就挣5万。安娜的妈妈被安排去护林站工作，一个月连续工作20天，再休息10天，主要负责森林防火。这时候安娜正在家中待业，突然就有人去她家里说有个去祁连山旅游景区歌舞表演的工作，问她愿不愿意。

安娜从小就擅长跳舞，跟着工作人员到了景区一看，呵，这不就是原来自己家的山坡吗？

安娜和其他队员们被安排住在山脚下的康乐镇。这天早上，安娜7点起床，洗漱完吃早饭，和其他裕固族年轻人聊聊天，她更喜欢说裕固话，听起来舒服。大家围在一起刷刷抖音，又哗啦啦笑起来。

8点集合签到，所有人被大巴车拉上山。9点到赛罕塔拉，大家换好衣服，开始练舞练歌。一天表演一共两场，早上11点一场，下午2点一场，一场一个小时。今天天气凉快，跳起来也感觉不累，裕固族的民族服饰还是很厚实，要是天晴的时候跳舞，跳一场就出一身汗。安娜说着拍拍自己的袖子：“这件衣服还没穿多久呢，已经被太阳晒白了。”

红缨帽其实是裕固族姑娘已婚的标志。安娜还没结婚，头上表演用的红缨帽流苏随着头部的动作慢慢地划过帽檐，这顶红缨帽还不是属于她的。

她还在等待自己的那顶红缨帽。

后来有人问起安娜："你现在去哪工作了啊?"

安娜都回答："我回家跳舞去了。"

（作者为兰州大学新闻与传播学院本科生；指导教师韩亮为兰州大学新闻与传播学院教师）

祁连山下的新闻追求

——兰州大学新闻学子在张掖电视台参观座谈速写

王天琦　罗登降措

2018年8月1日上午，张掖电视台迎来了一批兴致勃勃的参观者——兰州大学新闻与传播学院重走西北角河西线的成员们。

张掖市广播电视台是市委市政府最主要的新闻舆论宣传机构之一，也是全张掖市受众最多、影响力最大的大众传播媒介。张掖市广播电视台目前为副县级事业单位，2012年6月，文化体制改革后的张掖市广播电视台作为党和政府的喉舌，主要承担着以市委市政府决策和部署为中心的各项新闻宣传任务，肩负着传播先进文化、引导正确舆论导向的使命，担负着中央台、省台6套节目、市级2套电视节目及中央、省上2套、市级1套广播节目的无线发射和覆盖县区工作；承担着张掖对外形象宣传的策划及全市各类反映经济社会成果，市委市政府中心工作专题片的制作任务。在带队老师韩亮的联系下，兰大新闻学子重走西北角河西线一行在张掖电视台台长郑威

正在介绍电视台节目的郑威台长　　王韵　摄

的带领下参观电视台并组织座谈。

刚到电视台的马路对面，就看见郑台长在大门口等待着我们。郑台长身材瘦高，一副眼镜衬托出他温文尔雅的气质。他与带队老师韩亮热情地握手后，带领大家走进了张掖电视台的大楼。

郑台长首先向我们一一介绍了墙上贴出的张掖电视台主要节目，例如《张掖新闻》等。韩亮老师对《张掖新闻》下面的介绍十分感兴趣：“‘关注时事政治，引导社会舆论，传递百姓心声’都可以，这个‘记录张掖变迁’非常好。”韩亮老师对成员们说道。这句话引起了我们对地方新闻的职责的思考。2017年7月8日，《张掖新闻》节目成为市广播电视台唯一一档采、编、播全高清化的节目。其他节目继续采用标清制作及播出。此次高清化使张掖电视台成为继白银电视台后甘肃省第二家采用高清信号播出的市州台。

郑台长对于台里各档节目十分了解，侃侃而谈之间就令我们对张掖台的节目有了大致了解。

随后，郑台长带我们参观了张掖电视台的虚拟演播厅，留下了这样一张有意义的照片。

参观结束之后，我们在发布厅与郑台长以及张掖台的工作人员开展了亲切的座谈。

“各位老师好，我想请问一下，传统媒体相对于新媒体的核心竞争力在哪里。”这位同学的问题得到了部门总监的回答。

“其实没有必要将传统媒体与新媒体分得如此清楚。”随后这位总监用自己二十年的工作经历当中的收获为同学详细解答，其他同学的问题也得到了各位老师的一一回答。

这次访谈的结尾，张掖台新媒体部门的郑义老师以文字的形式解答了我的问题。

“作为岗位上的新闻人，对你们校园中的新闻人的意见和建议其实谈不上，因为我也是入职不满三年的年轻人。但是我的感受是许多刚刚走上工作岗位的新闻人给

兰州大学新闻学子与张掖台的老师们座谈　王韵　摄

自己的方向和定位太死板，其实新闻媒体从业人员当中，多能多才者要比专业技术人员吃得开，所以别自己限制了自己。有一门技术专长是在这个行业安身立命的资本，如果想有更好的发展，必须让自己多能多才。”

“设想一下，若是一个媒体拥有一群具备文字功底，播音功力，懂摄像，会后期，能策划，会导演等的团队，只要有着对新闻的追求，是不是生态圈顶端的存在。”

“所以年轻人不要怕啥事情都落到自己头上，要抓住机会去学习。”

祁连山下，新闻人在路上。

（作者为兰州大学新闻与传播学院本科生；指导教师韩亮为兰州大学新闻与传播学院教师）

孙树碧：移民村里的“平凡人”

张倩　王洁

八月的阳光透过玉米叶落到村子里新翻的水泥地上，排排新房矗在新路两旁，中间夹杂着几间格格不入的土坯房。我们跟随高台县南华镇明水村党支部的陈书记，一起去拜访在当地小有名气的孙树碧老人和他的老伴。

下午两三点的太阳正是烤人的时候，阳光裹挟着黄土的尘埃，洒落在明水村落，竟有些让人移不开眼。被西北的烈日晒褪色的红漆木门半敞着，院落是意料之中的整洁，远不同于同村人家的杂物满院堆，就如同两位老人一样干净利落。

“孙大爷，有两位兰州大学的学生来看望你，跟你唠唠嗑！”陈书记在屋外喊道。

“哎，好嘞！”苍老但有力的声音透过新房传出来。

窸窸窣窣一阵后，一位身着砖红色旧短袖、典型皮带扎长裤打扮、蹬着沾着薄薄泥土的布鞋的老人出门迎接我们。老人皮肤是因常年暴晒的黢黑，脸颊消瘦，却双目明亮，精气神十足，俨然不是我们之前想象的虚弱无力。

父言子序，望其憧憬

孙树碧老人对我们的到来感到十分惊讶，连忙招呼我们进屋：“你们，是兰州大学的？我家小儿子也在那里读博士！”老人兴奋地给我们指着一个玻璃柜，操着乡音，大声地说道：“看，那是我三个儿子的证书，他们，和你们这两个娃娃一样优秀。”顺着老人的指尖，我们看到老人三个儿子的学位、奖学金证书和录取通知书，整整一面，在从门帘缝隙间透过的光线下，散发着骄傲的气息。

“你们先坐，我拿个东西给你们两个女娃娃瞧瞧。老婆子，拿点饮料来！”老人边说边翻柜橱。片刻工夫，他双手捧着一摞东西，小心翼翼地放在桌子上，拿出用红绸布卷着的包裹，用干枯的手轻轻拂去上面的灰尘，仔细地掀开绸布，将里面的两本印刷书整整齐齐地摆在我们面前。“瞧，这是我们老孙家的宗谱和家训，珍贵得很。”老人一边给我们饮料一边介绍。

原来在老人患肝癌后，怕自己没有什么可以给后代留下的，从2015年开始收集资料，编写宗谱和家训，耗时两年，总计三万五千字，最后由儿子打印修订成书。

“我不想让我的后代忘本，也不想他们道德败坏，虽然我知道我的后代可能不会静下来看这些，但不留，心不安啊。”老人叹了口气，看上去有些消沉，但转瞬又笑了起来，兴奋地说道，“我来给你们念念老孙家的家训吧，不长不长的。”“中华传统的家训，莫过于朱熹对子孙后裔的范训教诲……勤劳、孝顺、谦和、舍得、守法……还望子孙后裔精琢细磨，深省自身……”老人一字一字地指着，一句一句地念着，“……父言子序，望其憧憬而千载不朽。娃娃，我就是靠这些教育我的娃子们，你们也要往心里去些啊。”

老人拿出宗谱、家训给我们介绍　　张倩　摄

乔迁西域，自撰人生

在孙老先生的讲述中，我们了解到了老人祖籍是在平凉静宁县，属于比较早搬过来的一批移民。

“我们一家子是在1987年的8月16日搬过来的，那时候三个孩子还没有炕头高哩。”老人面上流露出怀念的神色，“当时坐了一天的火车，一天的卡车，才到了这里。后面慢慢分到了土地，建好了房子，才在这儿扎了根，心也定了下来。”

老人家短短几句概括了当年的移民经历，但我们都知道，这其中的艰苦，何止是短短几句话能概括出来的？当年的南华镇本就是一片荒滩，比之孙树碧之前靠天吃饭的生活只是好了一点。而在这片贫瘠的土地上开荒，种地，养活自家的三个孩子，将他们教育好、上大学，有了如今这番成就，为此家里可以说是负债累累，两个老人肩头扛着重重的担子。这30年间的种种辛酸，又岂能为外人道？

我们接过书记递过来的那一本厚厚的老人手写的自传，书页泛黄，显然是有些年头了。翻开这个看上去平凡无奇的硬壳笔记本，在扉页上有孙碧树写的大大的“人生”二字。在自传里面，老人详细地记录了童年时贫困的生活，与父亲一起去陕西乞讨的那些艰苦日子；以及移民到河西，得以解决温饱后对党和国家的感激。语言平实、普通，却有着莫名的感染力。

我们在看完两本家书宗谱以及这本手写自传之后已经是十分惊讶了，这种惊讶在得知老人其实只有小学文凭后更是达到了顶峰。面对我们直接的目光，孙碧树老先生有些局促地搓了搓手：“我就是平时闲着比较爱看书，这些也算不上什么，写得不好！”说罢，老人像是又想起了什么：“不过这种‘带经而锄’的习惯，也就是耕读，可是一个好法子呀，好些个老祖宗就是靠着这个法子干出成绩来的，你们可得好好学学！”

似乎是对自己幼时没能学到更多的知识感到遗憾，孙老爷子在交谈中时不时就叮嘱我们要好好学习。他这样说道：“我们这些都是一把老骨头啦，你们不一样，你们还年轻，还是需要拼搏努力的年纪，一定不要辜负国家对你们的期望，好好做些成绩出来！”

老人正在和我们交谈自传内容　　王洁　摄

看着我们点头，老人开怀一笑，微微仰头看着正对门口的毛泽东画像，喃喃道：“未来的担子，还是得靠你们这些年轻人来扛喽……”侧后方的电风扇送来阵阵微风，撩过老人的胡须，吹翻书页，“共产党济贫穷乔迁西域”“人有爱党有恩”几个马克笔标写的大字在翻飞的书页中格外醒目。

我只是个平凡人

房屋的门帘被掀开一个大角，接近傍晚的阳光收敛点光芒，但在稍暗的屋内还是惊动了众人。

“啊，这里还有客人啊。”一位穿着粉白衬衣的大叔拎着一袋芝麻糊走了进来，“哎，老孙，俺想找你看看日子。”他径直对孙树碧老人说道。老人点点头，从抽屉中拿出老皇历和老花镜，坐在阳光下，认真看着。

“娃，你们是来学习的吧，你不知道，不光俺，村里好多人都会来找他看日子嘞，毕竟是培养三个大学生的人啊。”大叔腼腆一笑，和我们攀谈道。

“噫，这有啥的，我呀，就是一个平凡人，反倒是这些个小娃娃，以后肯定有出息。”老人抬头，摆摆手，反驳着。

“叮——”的一声打破了众人间的对话，老人慢慢地拿出手机，看了一会儿，笑道：“是我家老幺给我发的信息，娃，帮我看看是啥?”他的脸上瞬间光亮了起来，两眼炯炯，紧盯着屏幕。

“爷爷，这是简历，要投到公司里的!”我们解释道。

听罢，老人满意地点了点头，开心地哼起小曲，踱着步出了门。

书记戳了戳我们，跟我们小声地说道，其实老人能坚持供应三个孩子读书已经很不容易了，两口子到现在都还种着十几亩的地，就为了小儿子进修。再加上他几年前查出肝癌，不知什么时候就走了，最放心不下的，就是这个还未成家的老幺了。

望着屋外和老伴开心交谈着的老人，大家都默默地叹了口气，只能在心底里祝福这位坚强、朴实的老人。

黄昏的暖阳洒在老人小小的院落，照在门口坚持送行的瘦弱的老人身上，却拉出高大、宽实的剪影。

我们远远地朝老人挥了挥手，和这位普普通通的老人道了别。

（作者为兰州大学新闻与传播学院本科生；指导老师韩亮为兰州大学新闻与传播学院教师）

听大佛寺

罗登降措　王天琦

大佛寺不仅是一座寺庙，更是一条河。

大佛寺传播的不是宗教，传播的是一份历史和一种文化。

肉眼所见，大概可以用相片呈现出八九。而佛寺中的花香与汗臭，拥挤与酷热，也与佛寺之外的种种没有什么分别。所以走进佛寺要记录，便只好写写这寺里的声音，是它让这里成了大佛寺。

客人之声

佛寺里流水般的游客中零星地存在几名求佛者。

嘈杂，是游客的代名词，越是在拥挤燥热的地方，这个特征越被放大出来。男人女人、黄发垂髫，被不同地区的方言划分为显而易见的群体。而无论是普通话、香港话、四川话或是东北话，无非尽是“这里”

大佛寺王　　天琦　摄

“快点”“让一哈”这些字眼，以及被呼唤的家人名字。

无疑是一种文化的存在，让来自数百平方千米中的人可爱得相似，对于眼前的佛寺，所有人都不可思议地急不可耐。这文化肯定不是传统的儒道，也应该不属于这沉默、不善言辞的佛寺。

走过大门，佛寺的客人们便明显不再以方言，而是以年龄区分开来了。

大门里、主殿前，几位年迈的妇人是佛寺最显眼的客人，她们聚在孤零零的香坛和佛炉前，维系着里面的香火。

寺庙中的老人是最忙碌的，跟上导游匆匆的步伐已经够让老人们费劲，烧香求佛，似乎也是只属于老人们的特殊活动。

凑近去，可以听见她们的喃喃自语，待她们各自许完了愿望，我们才方便来搭话，我听见——

“我们从香港来的。”

“人老了，总会愿意相信佛陀。”

“敬佛……不算吧，我们是旅游的途中顺便求佛吧，求儿女事业顺利、路上平安嘛，毕竟也算出了一趟远门。”

“我们哪儿敢自己走这么远，是孙女带我们出来玩的，她们放假了。”

顺着老人的手指望去，我们瞧见了坐在长椅上自拍的两个年轻姑娘，大概是老人的孙女了。

她们是悠闲的，脱离了解说员身后长龙一般的队伍，自得一分悠哉。她们又是忙碌的，被记录在手机中后，她们便把笑脸藏了起来，埋下头，紧紧将手机钳住，将指尖和双眼完全托付给了这位来自新世纪的、巴掌大的“新佛”。在“新佛”的庇护下，她们听不见脚步声，对来往的生命冷脸相示，那份专注与虔诚胜过她们的奶奶不少。轻呼美女唤不应，轻戳姑娘肩膀后我方听见——

“啊，那边是我们的阿嬷。”

“她们要来，我们只好陪着。”

“额，我们大概对寺庙不感兴趣吧，所以没跟着导游。”

“也不无聊啊，可以玩手机嘛，把照片发给朋友看，和朋友聊天嘛。”

“阿嬷们……她们自己有的聊吧。”

“我知道这里历史悠久……不过也和我没什么关系嘛哈哈……”

随着姑娘手中铃声响起，我们只好结束了攀谈。

放眼望去，佛寺的各个角落坐着许多这样的年轻人或是中年人。经了解，他们大多都是伴着自己的母亲或是妻子来到这座佛寺。

他们静静抽着烟或打电话谈着生意。

嘈杂的庙内，他们是最肃静的存在，如铁面罗汉。墨镜的朝向便是家人，顺着他们的关切，我们找到了院内声响的中心，也见到了寺庙的主人。

主人之声

大佛寺中没有僧侣和喇嘛，也就意味着听不见悠扬的诵经声。寺庙是旅游景点，解说员实属景区中不曾停歇的喇叭，此起彼伏地讲述着佛寺的历史，历史中的故事，以及故事中的文化符号。

从一个个行走的喇叭身边穿过，我听见——

“仅有的西夏少数民族宗教殿堂……”

“亚洲最大室内泥塑卧佛……”

“永安元年，西夏国师在此掘出一翠瓦覆盖的卧佛，而初建大佛寺。”

“传曾为元世祖忽必烈降生地，别吉太后的灵柩寄放于寺内……”

“卧佛长睡睡千年长睡不醒；问者永问问百世永问不明——”

语言这门艺术是文化的载体。

若三心二意，眼前的塑像便单单是一堆泥土，耳旁的解说也只是聒噪的杂音罢了。当定神去听时，眼前的佛寺便会渐渐，多了片片色彩，层层结构，以及一段段流动的过去。解说词从不能再平凡的耳朵间淌进，又不知从何处泄出，滴在、浇在眼前泥塑罗汉的面上。土色褪去而佛光重现，大殿昏暗的四角被迸发的五色擦亮。一定神才发现，一句句解说经过这番轮回，已化为阵阵无声的妙音。

解说员的语言就是这么一条河，只有顺着河水漂流方可瞥见两岸的光景，而不断往河水中投入的小石子，把人从佛像、彩壁构建的幻境拉回到现实的，是寺中的第二类主人——志愿者，我听见——

“不要摸！说了不要摸!”

“不要拍照，不要挤……”

“先生!”

“这位女士!”

……

经了解，志愿者们也是大学生。

“放假了嘛，闲着也是闲着，这种志愿活动写在简历里也挺好。”

“是挺累的，一直站着，而且老有游客违反规定。”

“写出来？没有吧，但这些规定也算大家都知道的吧？”
“知道了为什么会违反？额，不知道……”
“也许景区确实该把规定张贴出来吧……”
“这能和谁说，说了也没用吧，再说过两天我也走了。”
“不要拍我……”
又一队游客涌进了殿内，志愿者赶忙跟了上去。

佛寺妙音

客人们的喧嚣和安静，主人们的耐心和不耐心，在偌大寺庙的四处响起，在悠久的建筑中回响碰撞，构成了只属于大佛寺的声音。

历史是流水，文化是流水，声音是流水，游客也是流水，所以大佛寺也成了一条河流，流淌在张掖这座日新月异的城市里。河水的两端触及河堤，河堤便是城市的孩子。河水冲刷河堤，有星点水滴飞溅；河堤阻拦着河水，泥沙被卷入湍流。

志愿者　　罗登降措　摄

叫卖声、车鸣声就是泥沙，包围着佛寺。但游客走出佛寺，身上沾着河水的湿润，这场交响曲也迟迟不愿奏尽尾音。

（作者为兰州大学新闻与传播学院本科生；指导教师韩亮为兰州大学新闻与传播学院教师）

我们也成了沙枣根

庄倩

“看看有没有喜欢的，纯天然原生态的沙枣根，带不走的可以邮寄，货到付款，安全放心，加个微信啊老板。”身材瘦小、皮肤黝黑的成老板对着匆匆赶路的游客背影不紧不慢地招呼着。

下午三点的嘉峪关郊外并没有午后的慵懒，这里是嘉峪关景区所在地，除了来自全国各地的游客，还有天南地北的卖家。热烘烘的空气裹挟着热热闹闹的人群，游客的喧哗、商家的促销使这片原本荒凉贫瘠的土地彻底热闹起来。

“佛系卖家”成老板

八月的嘉峪关是个备受青睐的城市。每年的五到十月份，这里都会聚集多于这个城市人口好多倍的游客，到这里旅游“打卡”成为一种新时尚。旅游旺季也是嘉峪关生意人最看重的时节，而成老板以及身边的几位竞争者略显“佛系”。他们几乎不吆喝，摊子往地上一摆，成老板切了个西瓜给邻居们分了分，有的没的聊着。游客从景区下来之后他们就把那段倒背如流的说辞用正常音量背诵一遍，神色淡然。

“沙枣根，原生态的，这是一种自然生长的根，上面不长树光长根。加个微信吧，以后想要可以给你邮寄，货到付款很方便的。现在不一定非要着急买，哪天想起来可以看我朋友圈再买。”成老板把一张很大的微信二维码放在钱包上面对着前来咨询的游客说道，“这个像灵芝如意，这个像手枪，这个像鹿角，这个像一只天鹅，这个像一只凤凰。这个像海马，你这样拿着看，也可以说像毛毛虫，不过还是有海马的味道，你看这个翘起来的感觉。”成老板一边指划着，一遍解说道，当然，游客很多，咨询的很少，购买的人更是少之又少。

我坐在成老板摊位前一整个下午，看着他的成交量并不是很可观。他小幅度地在摊位前活动，有人来咨询就去搭腔，偶尔和隔壁摊主闲聊以示友好，也会兼顾我的存在，对我的咨询几乎是有问必答。他有一双炯炯有神的眼睛，但却不显世故精明，黝黑泛光的脸让人觉得信赖。他戴顶很新的迷彩军帽，一直把帽檐扯得很低，看得出来他并不是个自信的人。但对我们的问题，他总是态度友好地答疑解惑。

成老板在介绍沙枣根　　庄倩　摄

“习惯了，嘉峪关挺好的”

嘉峪关是个新兴城市，虽然地处偏远边陲仍建设得有模有样、整洁文明，这里的本地人不多，来自四面八方的人共同奉献了热血建成了这座宜居城市。“我看网上爆出来，就是说我们嘉峪关的话，还评得特别好，宜居的话，还是排上名的，居住比较好。”做沙枣根和玉石生意的成老板随意地和我交谈着。

“沙枣根在沙漠边上长着，是首要的第一批防风沙的。”成老板在介绍他的商品时会带上这一句，我问他，既然沙枣根是防风沙的，你们把这东西挖出来卖了不是在破坏环境吗？他没有反驳，语气中带着示弱的姿态，“它还会再长的，但这种东西尽量…… (他支吾道)不让挖，会越来越少，还是要控制的，因为它毕竟长得很慢。因为沙漠总有交接边缘，这些边缘就长这些。但毕竟很少，还是要控制的，以后会越来越少。不过这些年沙尘暴好像少了，雨水好像多了，以前一年四季很少下雨，现在雨水相对多了，绿化也都好了，现在环境好多了。”当问到他为啥不回重庆老家发展，他说老家很久没待过了，也习惯了这边的气候和环境，觉得嘉峪关挺好。

成老板的创业史

成老板乐意倾诉自己的往事，他说自己老家重庆的，十几岁就来到嘉峪关，小时候调皮捣蛋不好好学习，老早辍学了。家里人在这边做小买卖，他也就跟了过来。因为辍学早，他早早地进入社会历练，三十多岁的他早已尝遍人生的百种滋味，如今已到了能够坦然处之的境界。

嘉峪关的旅游旺季大致是五至十月份，其他几个月因为气候原因整个西北的旅游业都较为惨淡。我问成老板在旅游淡季有没有其他营生。“不知道干啥，没啥可转型的，有的买卖做不好是要赔钱的，我之前做过餐饮，但是那个活很累的，很繁琐，我还是厨师出身的，一站一整天，很累的，从早到晚，生意越好越累。”成老板看我对他之前的职业经历比较感兴趣，就给我讲了他丰富漫长的创业经历。

“我在广州待过一段时间，电子厂、玩具厂，啥厂都有过，在广州学过车工机床。学了一下，没有去做，电焊对人身体不好，伤害大，好多人干了几年后容易得肥胖症，虚胖。”说着他语气稍感兴奋，“我干的东西可多了，给你说，打过工，干过饭馆，开过炒面馆，卖过麻辣烫，给人家打工做厨师做过一段时间，学厨师学了几年。”

“看看要吗？喜欢吗？”他很自然地转换到摊主的身份，轻松自若地对着来往的游人说，好像东西卖不卖得出去和他没关系一样。然后转头接着说：“我还做过文身，文身就学会了画画，所以现在干这个有点基础”，接着他语气里泛起羞涩，“结果一个都没有做得特别好，我感觉我做每一行都还可以，都在这一行还不错，总体就是属于心态上不满足，这个想干，那个也想干。”为了掩饰自己得出来的这一不太体面的结论，他轻轻地笑了，下意识地拉低了帽檐。

陆陆续续的人群从他的地摊前经过，一下午没有安静的时刻。景区里飘荡出来一首首轻音乐，使得躁动的人群中掺杂一丝柔和的气息。

聊到他的往事之后，能感觉出他些许的不自在，这时他会主动移到眼神不易被察觉的方位，投入到自家的生意中。“那个一百六，墨玉雕的白菜嘛，白菜是摆财的意思，摆在家里生财。这块五花肉叫富贵石知道吧，放在家里表示不缺肉，表示你家富贵知道不，意义是很大的。”他在不同材质的物品中涡旋，俨然是位沙枣根和玉石专家，他赋予摊位上这些物件一些自圆其说的象征意义，以期获得游人的青睐。

像沙枣根一样生长

说到自己往事，成老板历历在目。

“我还卖过冰糖葫芦，第一次摆地摊，超有那个啥，脸皮薄，第一次摆地摊，特别特别觉得面子，脸特别放不下，总感觉别人用异样的眼光来看你。现在练厚了，觉得我摆地摊咋了，又不偷又不抢，那时候摆了摊之后总觉得很害羞。别人买东西特别是女孩子，我就觉得我是不是被人瞧不起啊。”成老板在说这段的时候，语气里充满了笑意，仿佛想要表明自己的态度——我已经释然了。

“干我们这个总体来说和上班的收入差不多，但我们是边缘人啊，是被这个社会，被单位、被领导所谓的集体抛弃的啊，就像我们没有医保啊，没有五险一金啊。现在变了，在单位的想出来，我们也是被逼的，为了生存。”说出这番话的时候，成老板神情里有着掩饰不住的落寞。

在说到如何看待竞争者对自己的态度时，成老板说道：“羡慕嫉妒还有那啥，有前面两个环节是可以的，后面的要去掉。羡慕嫉妒很正常的，没有任何问题，如果你把最后一个加上，你做人就有问题了。羡慕嫉妒可以激励你的上进心，但是恨就是心态不正了。”他转过头压低声音窃窃私语：“你也看到了，我比他们卖得好吧。”成老板说自己在这一块生意比较好，周围人也会不舒服，但他正经做生意，正当做人，都是为了生存。他一再提到生活的不容易，但随即又总能找到宽慰自己继续走下去的道理，就如同他眼前的沙枣根，他慢慢接受了生活的干涸与贫瘠，懂得唯有用力扎根、野蛮生长才能站稳脚跟。

“冻僵的手指头遇到热水会钻心地疼”

“我的经历太长了。”在我帮他招呼生意的时候，成老板突然说了这么一句。

“我十几岁就到这来，开始帮家里做生意：我们家里是做卤肉熟食的，就帮家里弄猪下水、猪蹄子、猪大肠，每天早上，哦对，要说刻骨铭心的事情，你知道我们刚来嘉峪关那时候多艰苦。这边有个屠宰场，每天早上很早很早天不亮就起床，外面正好在下鹅毛大雪，然后带上那种很厚的大帽子，骑着二八自行车，出门去屠宰场，然后把那些东西拿回来再加工，就干那活。那时候骑着自行车戴着那么厚的棉手套，骑完到地方之后，比如说从这里到市里这么一小段，骑上自行车，之后就会冻僵，冻僵之后遇到热水，那个手指头会钻心地疼，特别疼。那时候我就十几岁，辍学之后就帮家里工作嘛，再苦再累也要干。”

“我在兰州也待了很久，卖夫妻肺片、凉拌菜，我拌的凉菜可好吃了，那时候很多人排队买。”“那为啥不干了”我问了一句。“我说了我是个不安分的人，啥都想干。”他笑着说道，笑容里蘸满憨厚同时掠过一丝怕被嘲笑的羞涩，“其实我能把每样东西做得很好，但是我做着做着就想尝试新东西，我在每个行业里都算是佼佼者吧，都算是做得好的吧。卖东西也不比别人差。”

“香港回归那一年我回家了”

“到了年龄之后我就去参军了，三年，那时候我们当兵也是特别辛苦，跟电视上演的一模一样哦，没有在虚构哦。在张掖当兵，到了冬天很冷，我是陆军，属于野战部队。你知道当兵有多辛苦嘛，都说当兵后悔三年，不当兵后悔一辈子，去了我就后悔了。我1994年的兵，1997年转业，香港回归那一年我回家了。当兵是一种历练，当兵还是很锻炼人的，意志包括各方面东西，对人还是有帮助的，你会成熟很多，精神也不一样。当时会觉得很辛苦，多一天都不愿意待。我记得我就要复员的前一百天，写了一个纸条，画了一百个勾，过一天划一个，只要这一百个划完，我就可以回家了。但从离开部队之后就开始怀念，战友情特别好，但是久而久之，大家为了生活，人走茶凉，时间长了就感觉不是那么回事了。复员的时候我们大小伙们抱着痛哭，特别感人。当完兵之后成了自由职业者，继续学厨师，当兵前学了一段时间厨师，是跟我表哥干的，复员之后没有更好的工作就继续重操旧业做厨师。久了，就像一段伤心的东西，时间能改变一切，任何东西都能改变。”

在讲述了自己的故事后，眼前这位被生活打磨的人继续发表做人的心得与感悟：“人活在世上就是一个过程，就是走一遭，不是你想经历啥，是老天会让你经历啥，你自己把你自己做好就行了。假如我热爱吃好的，你就吃呗，该吃的就吃，该玩的就玩。”

将近九点，西北的天空渐渐笼上夜色，形形色色的游人，特产市场收摊的店主，景区的音乐，都渐渐归隐在夜色之中，幻化成火烧云，游离在千里之上的高空，最后归于宁静。这一天结束了。

成老板把没有卖完的玉石和沙枣根运回到距离摊位不远处的自家店铺里。四五十平方米的店铺里堆满了各式各样的沙枣根和玉石。沙枣根、玉石、成老板早已成为命运共同体，相互依存了。

“你可以回家了，家人都在等你吃饭吧？”

“没人等我，就一个人吃饭。”

成老板收摊回家　　庄倩　摄

成老板开着自家的货运车行驶在嘉峪关宽敞干净的道路上。他打开音乐，调整状态，开始进入和白天完全不同的一个人的静谧时光。

一个人吃饭，一个人休息，把握一个人生活的节奏。在成老板看来，人活在世上就是一个过程，就是走一遭，就是你自己把你自己做好。

（作者为兰州大学新闻与传播学院研究生；指导老师韩亮、韩亮为兰州大学新闻与传播学院教师）

张掖流沙河畔：李千林1 000万的“羊财梦”

陈水杏　曹沣鑫

在张掖临泽，早上十点半到十二点半，是一天中牛羊肉卖得最好的时段之一。但在2018年8月3日的这个时段中，李千林的肉店只来了一位顾客，买走了84元的羊肉。而去年的这个时间，他至少可以卖掉两只羊，大约4 000元的营业额。李千林正坐在金林肉宝宝门店旁的休息室，这个今年34岁、身高1.85米、有着一头板寸黑发和一张国字脸的西北汉子深深地叹了一口气道：“唉，我们这行业今年不好做，真的不好做。”

“现在生意不好做，钱也不好赚”

张掖临泽县地处河西走廊中段，流沙河是该县唯一一条穿城而过的河流，被当地人唤作“母亲河”，传说也是《西游记》里的“沙僧老家”。历史上因上游携带着大量的泥沙，入川后因河道平坦，大量的泥沙开始沉积而得名，源出祁连山阿吉峡，是中国第二大内陆河——黑河的最大支流。

如今流沙河的水里没有沙，取而代之的是水天一色的活水，明晃晃泛着清亮色磷光，空气温暖而湿润，蒸腾的水汽在绿梢头打闹，岸边成了市民避暑休闲的去处。河岸边的奥瑞金广场中一对爷孙蹲在地上玩绿色卡片，另一角有一个拎着小布袋的爷爷拉着小孙儿的手正在散步。

李千林的第一家牛羊肉门店就在流沙河畔的滨河路上，左靠临泽县公安大厦，右倚数栋赭黄色高楼，夹在其中的他的门店却只是一排低矮平房中的一间。

这些低矮的平房已然破旧不堪，被已推倒的建筑废料倚在墙边、堆在路上，上方是悬吊着的吊机：这些房子的拆除只是时间问题。

上午十点半，我们走进李千林的门店时，他正低头收拾着冷冻柜里满当当的牛羊肉。见到我们，他直起身，对于我们的到来，他的眼神中没有丝毫惊讶。双肘呈“八”字状撑在冰柜上平静直视着我们的李千林，没有过多的寒暄，简单几句后他便邀我们进门店旁的休息室。

休息室外门的门框上，印有“牛羊肉打真空，顺丰快递空运”字样的条幅，已被西北的风掀起了边角，变得卷曲、褪色。大门进去是透明的塑料顶天窗，院内用来称量牛羊肉的合金大盆和落地秤落寞地靠在墙上。

他掀起帘子，让我们进去。休息室的光线有些昏暗，刚走进时，眼前蓦然一暗，待适应后才看得清屋内摆置。窗前的办公桌，玻璃桌案下散乱地压着各式各样的名片和照片，桌上摆着一台显示屏，可随时看到店门口监控的图像，一把黑色椅子、一张沙发、一个方桌，几乎是他休息室的全部家具。没事时他就在此休息，办公在这里，午饭也在这里，店铺再往后走还有一间临时卧室，门正对休息室而开。

“现在牛羊肉生意不好做，真的不好做啊。”李千林表情苦涩，没有因为与我们只是初识而避嫌，长叹了一口气。养牛羊的成本一直在抬高，但老百姓们对牛羊肉的消费却比往年少了很多。雪上加霜的是，已出现在多地市场上的注水牛肉，成本低、价格低，无形之中又压低了市场价格。而那些坚持牛羊肉品质的供货商们，基于成本不能再降价，只能陷入竞争的被动态势。再加上消费走低，李金林和其他坚持品质的供货商只能停下扩张的步伐，转而紧缩。他把临泽县城的另一家门店关掉，又开始守着最初起家时的阵地。

“最穷无非讨饭，不死终会出头”

李千林是张掖临泽县沙河镇新民村四社村民，起初并没有打定主意发展牛羊肉产业链的他，人生真正与牛羊联系在一起是在2012年。在此之前，他做了近十年的建材生意，那时行情好，挣了不少钱。2011年他感知到当地的建材市场已近乎饱和，便开始考虑转行的方向：当地政府对畜牧业的支持力度很大，而有着“枣乡”美誉的临泽县本身便是一个传统农业大县，饲草资源相对丰富。

一面是趋于饱和但已经营多年有丰富经验的建材生意，一面是完全陌生却有可观前景的养殖业，李千林选择了后者。他将变卖建材门店的钱作为牛羊养殖的启动资金，开始和妻子一同追逐属于他们的“羊财梦”。刚进入这个行业时，他便把自己的微信签名改成“最穷无非讨饭，不死终会出头”，以激励自己。

畅聊正酣时，一个扎着马尾的小女孩抱着书和文具掀开帘子迎面走来，径直坐在方桌前，低头翻起书来。“怎么不跟姐姐打招呼呀？快跟姐姐打招呼。”李千林方才还是凝重的神情望向女孩时便舒展开来，转头向我们介绍：“这是我闺女，今年10岁，小学四年级。”小女孩也不忸怩，爽快地向我们问了声好，便继续看书。我们夸赞小女孩懂事，学习一定很好。李千林摇摇头摆了摆手道：“不要求她能学得多好，但至少认真上个大学，不要像我一样。”问到有几个小孩时，他眼睛一亮。“两个，呵呵呵。”李千林笑了起来，“小的那个明天就一岁了。”

只读了一年高中的李千林，17岁便跑到新疆的建材厂打工，他发现那里建材的原料价格与老家的价格差很多，便笃信在老家搞建材一定能挣钱。在新疆打了一年工后，自认为所学够用，便回乡创业。

他曾在滨河路边的桥上站了一天，专门数有多少辆奥迪往来，他说那天共有9辆，发誓一定要挣钱买一辆奥迪。2010年时，他的建材门店一年挣十几万已是轻而易举，积蓄早就够买一辆奥迪。后来他买了车，但不是奥迪。

转行养殖业的他一直在忙。

先是投资100多万元在马郡滩水库北侧修建羊舍，购买羊羔；再是成立临泽县金林养羊专业合作社，与周边村社1 000多户农户签订了繁育养殖合同，带动农户走养羊路；还构建了“农户抓繁育，合作社抓育肥，公司抓防疫和屠宰销售”三体分抓的经营模式。对新行业的一无所知，让他付出的代价是：2013—2014年间，李千林陆陆续续把自己十年做建材生意的资金全投了进去。为弥补经验的缺失，他白天打理羊圈，晚上上网看资料、自学舍饲养殖知识，随着经验的慢慢积累，2016年才回本的他，2017年迎来了自己的黄金期。但他没忘记当年奥迪的事，2018年他给自己定了一个新目标——个人资产达一千万后给自己买辆奥迪。

“熬过今年，我就赢了”

提及当下的牛羊肉市场行情和前景时，李千林往椅背一靠，摇了摇头，深深地叹了一口气道：“我媳妇前两天还跟我说，‘临泽县还有四五家，你看今年能撑到年底的有几家。’”过去的几年，李千林的牛羊肉已经通过“基地+实体+网店”的生产销售模式和网络渠道将羊肉销往广州、西安、成都、兰州等地。三个月时间，线上、线下总销售额就超过了10万元。按照李千林原本的计划，今年应当在兰州市开一家专营实体店，做好后进一步扩展向其他地方。但因经济态势不好，银行的贷款额度被压缩了30%，整个养殖产业资金链难以周转。不但原有计划被打乱，还有一个门店已经被迫关停。坐在办公桌前，李千林双手抹了抹脸：“压力大得很，银行贷款、农户的牛羊、政府的支持，这些都需要有好的‘成绩’，才能维系良性循环。大家都是各取所需罢了。”

我们注视着他，只能用沉默去回应。

午饭后，李千林半躺在休息室的沙发上，双手高举着手机浏览信息，再见到我们，他收起手机，起身让我们坐下，自己坐到办公桌前的椅子上，右腿叠在左腿上，半身倾斜向着我们。不一会儿，门帘突然被拉开，一个留着齐耳短发，着一身黑色休闲装的女人走进休息室。见到我们，她先是站在门口一怔，拘谨地微微一笑，三步当两步走进临时卧室拿了一条小毛巾，又匆匆地离开。“那是我妻子，现在急着去给小宝打针，昨天去市里吃坏肚子了，现在在发烧。”李千林向我们解释。

2004年李千林结婚之后，他的妻子成为他在商业和生活上的左膀右臂。跟大多的年轻夫妻一样，他们原先也常常因一两句话就起火吵架，但随着年龄的增长，尤其是去年第二个小孩出生后，慢慢相互谅解，吵架也少了。从建材到养殖，生意上一些难以取舍的决定，李千林都会跟妻子商量。早餐时他还在和妻子商量，要不

李千林全家和妹妹的孩子　　陈水杏　摄

要翻新年初关掉的那个门店。令他迟迟无法做出决定的是，第一家门店早就被纳入拆迁的范围，已非长久之处，而另一个门店位置虽好，营业额却一直不如意。现在牛羊肉生意不好做，翻新的店铺租金一年4万，还有每天人工等产生的费用远大于营业额，加上资金紧张，为此他已经犹豫了将近一个多月且至今未定。我们夸赞他妻子干练时，他呵呵憨笑："还行吧，能干确实能干。"

太阳西斜，一改正午时的窗外阳光柔和地铺在流沙河面，波光粼粼。这时，进来一个身材魁梧体型健硕的男子，他对整个屋子扫视了一番，操着方言跟李千林说话，低头看了看右手，走到李千林跟前把手伸出。李千林轻轻捏着他的手指头，神情温柔，眼睛在手掌里仔细找着什么。李千林一时找不着，跟他说了几句，他便离开。李千林解释那是小他三岁的弟弟，是来看小宝的，小宝去打针没回来，他给别人打工时不小心被东西扎进指头了，找不着刺在哪，让他去找母亲看看。以前李千林和弟弟合作，弟弟养牛，李千林养羊兼销售，但是今年行情不好，压缩了牛的存栏量，闲时弟弟偶尔去给别人打工。

现在，李千林除了每隔几天回养殖场查验牛羊饲养情况，大多在门店守着。早上要是有酒店下订单就去送货，剩下的时间大多在休息室刷行业信息。小宝打针回来后，就没离开过李千林的怀抱，他一边哄着生病的小宝睡觉，一边接着电话，站在窗台前，窗台上摆着一份红底的荣誉证书和一小块金色奖牌，上面写着"产业致富带头人"。

"我就是个二百五，啥事都只是半懂。"李千林这样评价自己，把前几年养殖经营的滞缓，归结于经验学识不足，很多事想做没办法做或做起来磕磕绊绊。现在，牛羊肉经营的困境让他打算先放一放，转移发力点，向无公害绿色产品进军。要先确保牧草是绿色品质，下一步才能改良牛羊肉质。他在养殖场附近租下了680亩草场，并对牧草进行改良，又种了近一百亩的黄金米和黑珍珠（黑糯米）搞农牧结合的循环产业。尽管黄金米和黑珍珠今后如何向县上领导汇报，如何宣传销售，着实让学历不高的李千林头疼，但提到一千万的目标他就又充满了干劲儿，他坚信："只要熬过今年，我就赢了。"

（作者为兰州大学新闻与传播学院本科生；指导教师韩亮为兰州大学新闻与传播学院教师）

张掖新媒体里的年轻人

蒲瑞华　季铭铭

2018年8月6日的张掖依旧是个阴天。下午出门的时候还飘着几滴小雨，让人感觉甚是舒服。我们到张掖电视台的时候，雨就不再下了。

随着互联网的普及，新媒体的发展在近几年更是如日中天。从微博到微信公众号，再到现在大火的短视频平台，它的发展速度令人惊叹。

作为丝路明珠的张掖，在新媒体时代自然也要跟上步伐。2012年，张掖建立了自己的门户网站，也正是这一年开始，张掖的新媒体，开始了从无到有并发展日渐完善的过程。因为是新兴产业，所以它的经营，也由一群年轻人来负责。

艰难起步

由于地处西部，张掖的新媒体发展同其他西部城市一样缓慢。经济发展的滞后使新媒体的发展也举步维艰。2012年，第一批年轻人进入了这个平台。

“刚开始的时候，就是觉得好奇，因为这是个新生事物，又比较感兴趣，就决定加入进来了。”张玉茹对我们说，“我自己本身也是学新闻专业的，做这一块也比较好。”

就这样，张玉茹们开始了张掖新媒体的初步探索。新事物在其初始阶段，总是很困难的，张掖新媒体的发展便是如此。人员不足、资金短缺、相关技能掌握不足……种种原因，使得张玉茹在一开始就顶着巨大的压力。

“因为大学里并没有学这些，我就自己学了PS、视频剪辑、后期、公众号排版之类的技能。”她推了推眼镜道，“我刚开始其实学的是汉语言文学，但是我并不想当老师，就转了新闻专业，后来渐渐地就喜欢上了新闻。”

刚开始的时候，张玉茹经常要一个人做好几个人的工作，从记者到编辑再到后期，都是她一个人完成。“双休日基本是不存在的，加班或者熬夜是常有的事。”

“那既然这么累，有想过放弃么？”

“当然有想过，一个人做五个人的工作，有时候还要通宵，真的是特别特别累。”张玉茹回忆起以前的工作，眼睛有些湿润，“但是还是咬着牙坚持了下来。因为做这个对你的历练是非常大的。你可以结识许许多多的人，经历各种故事，学习到非常多的东西，这是那种普通坐办公室的职业无法比拟的。”

“后来慢慢发展起来，这些就好了很多。当看着自己的辛苦发表出来、得到认可的时候，那种成就感和喜悦，不管多累也就值得了。”

以企业模式运营新媒体

郑义是又一年轻人的代表，来这里工作已经两年零七个月。

与张玉茹不一样，郑义在大学学习的是电子通信工程专业。之所以会从事新媒体方面的工作，一是自己的兴趣，二是家庭的氛围——郑义的父亲就是一位从事媒体工作三十多年的资深媒体人。

“我本身是计算机专业，对办公软件这些应用也比较熟练，加上我又喜欢写作，文字功底还可以，就先做了一个文字记者。”郑义笑着说，“然后我也自学了后期摄影拍视频之类的东西，慢慢就做别的工作，一直发展到今天。”

“我们这个团队里还有历史专业的、财会专业的、政治经济的。”正是这样一群来自不同专业的年轻人，反而使得张掖新媒体发展得蒸蒸日上。

“其实越往后发展，这支‘杂牌军’的问题也会暴露出来。”郑义叹了口气说，“要想做高质量有思想的东西，还是得你们专业学新闻的人来。这也是我那天提出继续教育这个问题的原因所在。”

在郑义们的努力下，张掖新媒体寻找到了自己独特的发展方式。“与其说我们在做新媒体，倒不如说是以新媒体为主架做企业。”他们以张掖电视台为依托，整合了一批自媒体，成立了一家有限责任公司。在进行常规新媒体运营的同时，承接其他传播活动，基本实现了自力更生，形成了专有的运营方式。

“我们不能仅仅局限于我们所学的专业，要把思维放广。不能满足于就精通于一项，会写作、会摄影、会后期，这种复合型人才才是最需要的。”郑义如是说。

张掖新媒体的独特发展模式，给我们重新定义了新媒体的求变之路。

未来的展望

随着新政策的颁发和国家对于新媒体方面的管理，张掖新媒体还有很长的路要走。这也需要张玉茹们和郑义们的不断努力。

“我们新媒体的发展与张掖市的发展其实也是息息相关的。”郑义顿了顿说，“张掖市近年来旅游业的大力发展让我们有东西可以规划，可以去做；而我们更快地发展，也能把这些宣传出去，二者是相互促进的作用。”

见证了张掖新媒体的发展，郑义已经是经验丰富了。“我们团队一共就二十多人，我入职以后，也经历了五六个人的离职了。”郑义有些感慨地道。

郑义表示，自己会坚持在新媒体做下去，不仅仅是新闻理想，更是因为热爱，因为一份情怀。

“年轻人不要拘泥于课堂，被理论束缚，一定要勇于去承担责任，多去实践，这样才能更好地成长。”

新媒体的发展离不开传统媒体的推动，同时新媒体也推动着传统媒体的进步。“我们的发展是离不开电视台的，电视台给我们的支持是非常大的。以后的发展势必会再次进行融合，也会与电视台等传统媒体的关系更密切。”郑义说道，“新媒体想达到传统媒体那样的公信力，最少还要五到十年的路要走，需要我们的不懈努力，也需要你们的努力。”

“当代年轻人，总应该永远在路上。”

（作者为兰州大学新闻与传播学院本科生；指导教师韩亮为兰州大学新闻与传播学院教师）

大美青海

青海线路线简介

张华

青海线由12名本科生、1名研究生和1位指导教师组成，自2018年7月19日从兰州出发，至7月26日结束采访活动返回兰州。在8天的时间里，在青海省西宁市市区、湟源县、湟中县、循化县、化隆县等地留下了我们“重走”的足迹。我们深入到省广播电视台、贫困村、烈士陵园、红军小学国家足球训练基地、街头小吃店，观察、采访、体验、思考、写作。在同学们的笔下，有扶贫村辛勤工作的驻村干部和走上脱贫路的乡亲们，有常年在民族地区做田野调查的中年学者，有几十年如一日为烈士守墓的老人，也有为足球梦想挥洒汗水的藏族青少年，还有为生计奔波的街头小吃店老板……一路“重走”，我们体会了行走的意义，感受了生活的不易，接受了精神的教育，获得了心灵的启迪。

辛苦自然不言而喻，但收获却是满满。《含苞待放的铿锵玫瑰——寻访校园足球夏令营》一文观察细致，笔触细腻，极富现场感，“新闻的感觉”恰到好处。这篇稿件，在人民网甘肃频道全文刊发，获赞无数。而在新闻之外，作者还和小球员们成了朋友圈好友。《刘福生：十二年如一日的守墓人》虽篇幅短小，但描写到位，情感真挚，读来令人含泪感佩。《“家”门口的杂碎店里深藏一片海》属偶得之作，源于作者的一顿晚餐，作者被年轻的老板所打动，通过对大量细节的描述挖掘了他身上的辛勤、善良、孝道美德，确有“于无声处听惊雷”的效果。好文不少，虽不乏幼稚之处，但也见新闻叙事的张力，还请读者一一评点吧。

“家”门口的杂碎店里深藏一片海

李裕鸿

短途旅行的异乡人只得把自己下榻的宾馆当成家。由于旅途的奔波，人们也无暇挑选用餐地点，吃饭“唯近是从”。出“家”门右拐，直行100余米，有间10平方米左右的铺面藏在坡道右侧。若非缭绕的雾气从清晨盛包子的蒸笼里涌向店外，这家狭小的“阿舍杂碎店”恐怕极难引起行人的注意。

杂碎，也称“下水”，即动物的内脏。在这里，店家往碗里浇一大勺熬好的汤底，抓一把切好的熟羊杂碎，配一块馍，一份暖身又滋补的早餐就完成了。杂碎汤配馍是属于“老青海”的美味。它虽然不像天津卫的煎饼馃子、兰州的“牛大”一样出名，但要想探秘这种民间小吃，同样得去“我家楼下”。

戴着白色礼拜帽的海哥是店员之一。被食客问起与杂碎相关的事情时，他便开始热情地解释。至于“海哥”这一称呼的由来，他笑称：“我的名字不太好记。因为名里有个‘海’，人家就都这么叫我。”

一碗杂碎汤的诞生

在阿舍杂碎店，一碗杂碎汤的出炉要从头一天拂晓时分说起。

“做这个羊杂碎，你4点钟得起来，去屠宰场拿羊头、羊肚。”谈起杂碎汤的制作，海哥一字一顿地说。

屠宰场位于城郊的杨沟湾，距阿舍杂碎店约15公里，比城东的经济开发区更偏东南。从3点到日出前，场里有几千只羊和几百头牛被“带水”后的学徒手工屠宰。海哥解释道：“回族人宰牛羊必须在天亮以前，宰的时候还要念经。‘带水’在汉语里就是洗澡，我们也叫‘大净’。”

从屠宰场取来的食材还需由专人做进一步处理：刮去羊肚里的污物，去除羊头上的毛。起一个火炉，边烧边刮羊头，清水冲过后，表皮只留下烧灼后的焦黄。由于城区内无法接受处理羊头时产生的烟雾，这些工序都在郊区完成。

此后的煮、切杂碎的步骤由店员亲自“操刀”。清水下锅，捞去浮沫后盖上锅盖。杂碎煮久了会化开，时间过短则会比较硬——约三四个小时后，如果筷子能“啪”地捅进肉里，就说明杂碎可以捞出来了。当杂碎上方被纱布覆盖，处理杂碎的步骤基本完成，一天已经过去了。第二天，将新熬制的清澈汤底和切好的羊杂碎相结合，一碗杂碎汤终于被端上食客跟前。

食用杂碎的方式全国各异。即使是同一座城市中，做相同的菜，不同店家的成品也有区别。于阿舍杂碎店而言，一份杂碎汤的核心在汤底。海哥说：“顾客的口味都不一样。汤好不好喝，要看做汤人自己的品位。”

汤底是由海哥的母亲秘制的。自开店以来，她就不断尝试各种配方，没有人知道。“我也不问，她也没说。”海哥如是说。

羊杂碎的传承

关于杂碎汤的起源时间和地点，并没有确切的说法。据海哥介绍，杂碎汤起源于清朝。当时，一位姓马的回族人觉得杂碎扔掉太可惜，就收拾好它们，而后将头和肚切成条，肺则切成片，尝试了很多种做法后，便有了杂碎汤。

“杂碎汤的历史又不久远，当时也不是皇上、官员吃的东西，不出名，很少人关注这些。”海哥坦言，“我一开始也不知道。我妈做的时候，有外地人来问，后来我也顺便上网查了一下。”

随着时间的推移，真切的历史可能被湮没，但有些变化是确凿的。

比如，小店的杂碎汤里不再加入心和肺；比如，喝杂碎汤的、询问杂碎汤做法的人数和年龄结构与从前有所不同；再比如，做羊杂碎的人更少了。

“过去啊，特别（20世纪）90年代的时候，吃杂碎的人多。现在生活水平高了，嘴巴也变挑了，都是上了年纪的人在吃这个。30多岁的也有。再年轻一点的就很少来了，他们比较喜欢米饭和炒菜。”海哥对自己口中那些20多岁的青年人也很无奈。有的顾客怕杂碎使自己发胖，有的顾客觉得在小馆子里吃得“不气派”，甚至有位顾客在点了一份中间码放了几块羊杂碎的面以后，嫌下水不干净，结果连面条都咽不下去。“这其实都是心理作用。”海哥说。

除了食客的减少，羊杂碎与牛杂碎的固有差异也导致经营羊杂碎店的人数减少——羊杂碎体积比牛杂碎小，处理起来更麻烦，也更加累人。环顾“家”附近的几个清真简餐店，卖杂碎的不多，做羊杂碎的更是阿舍杂碎店独一家。

即使如此，对羊杂碎是否会失传的忧虑也属多余。放眼全西宁，有不下50家店做羊杂碎，以此为早餐的人也遍布全城东、南、西、北、中五区；在全国，只要去找，每个城市都有10家左右。海哥补充道：“羊杂碎也就这样，没什么奥秘。”

他也坚信，只要有人做，肯定有人吃。“老顾客都会来，就是来几次的问题。对面医院的家属区被拆掉以后，想吃的还是会坐公交过来吃，‘90后’来问杂碎的也比较多。”

关于小店专做羊杂碎的原因，他则说得很轻松：“我妈卖了20年杂碎，一开始是羊杂碎，所以现在也都只做羊杂碎。我妈做，我就跟着做。”

“我是为我妈干”

年过三旬的海哥戏称自己在店里是一条不做事的“咸鱼”：“店里要是我妈在看，我的话，有‘活’就出去，没有就在店里帮忙。”他从15岁起独自出门在外，自18岁考取驾照起便开始接“活”：为需要包车的游客当司机。

在外当司机的日子里，海哥游历了大半个中国，不归家，也没成家。近10年过去，他最终还是选择回西宁帮母亲看店：“我是为我妈干，不是为自己干。老人家也要生活嘛。”

海哥的母亲最初在路边摆摊卖菜。1989年，开始整治街道，她就改卖杂碎。这个10平方米左右的铺面也非一开始就有——20世纪90年代初，清早还让出两个小时的摊，可后来也被禁止了。当时，家附近也没有空店出租，只能和稍晚些才开始营业的汉族饭馆合用这家店面，直到合伙人走了，小店才有全天营业的机会。

现在，阿舍杂碎店由海哥与他的母亲、妻子和姐妹一同经营，每天凌晨3点开门。那时，母亲一边准备包子等早点，一边迎接来自医院和过路出租车里的食客。等不锈钢桶里的汤底因不断沸腾而由清变浊时，油炸锅也在早上放着一摞笼屉的地方备好了。待空气中的烧烤味散尽，杂碎店里的一天也结束了。

小店里的杂碎汤一碗13元，一天平均卖出300份。加上早点、烧烤、其他本土小吃以及跑“主业”挣来的钱，海哥自称，养家糊口是没问题的。不过，这个精壮的、有着小麦色皮肤的男子并不愿多提20余年来起早贪黑地辛劳，只是说：“没办法啊，为了生活。”

就像他也不愿多提店名里的“阿舍”一样——他只说，这是一位圣人的名字。

海哥正在炸肉串　　李裕鸿　摄

心存大海

小店的后厨里有一条楼梯，是返家的捷径。打烊后，海哥从那回到自己的世界。

窝在床上打游戏是海哥一天里难得的消遣。他手机桌面的游戏文件夹下有两页图标，其中有昔日的热门游戏《阴阳师》。他看着《梦幻西游》从客户端游戏发展为手机游戏，也能每晚带人“吃鸡”（指玩家在游戏《绝地求生》中取得第一）。

除了接触过海量的游戏，早年在外地当包车司机的经历让海哥也像大海一样平和。

不在意食客总体口味的改变，也无所谓“酒香也怕巷子深”，他用没什么西宁口音的普通话慢慢说起自己的看法：“店面想做大，要有餐饮业的基础。吸引客人也要有自己的思路。什么都没有，几年下来肯定赚不到钱。”

海哥现有一儿一女，都没到上小学的年纪。他也不急着让孩子学做羊杂碎：“自家手艺遗失了太可惜。但是他不喜欢，你强迫他干，也干不好。他可以有他自己的想法，就像我。”

（作者为兰州大学新闻与传播学院本科生，指导教师张华为兰州大学新闻与传播学院教师）

“坚持做专业内容的生产者”

——兰州大学新闻学子对话青海广播电视台新闻中心

吕琳

2018年7月19日上午，兰州大学新闻学子重走西北角一行抵达青海广播电视台新闻中心，与青海新闻界前辈就新闻业界时新问题请教、对话。在接近两个小时的交流中，新闻中心主任陈新云，新闻中心副主任张小宇，新闻中心评论部主任李芙蓉，新闻中心编辑部责任编辑、兰大校友魏文婷与学子推心置腹。他们身上的新闻热情使学子们深受感染。

此次学界与业界的对话内容非常广泛，涉及青海电视台新闻中心在融媒体、“三台合并”、业务合作等领域的现状及发展趋势。在交流中，新闻中心主任陈新云谈到，在媒介融合的大背景下，青海电视新闻中心并没有盲目在平台拓建等方面开拓疆域，而是稳扎稳打，将自身定位为“专业内容的生产者”。目前，新闻中心承担了全台重要的新闻报道任务，在完成电视新闻任务的同时，还负责青海广播新闻联播的制作。在总体布局上，新闻中心充分利用青海地区丰富而独具特色的新闻资源，在

兰大新闻学子仔细向新闻中心前辈学习　敬雯　摄

新闻差异化上做好文章，力争在人文报道、民族报道、生态报道等领域做出特色，提高新闻的传播力和影响力。

据新闻中心副主任张小宇介绍，目前新闻中心主要承担青海卫视《午间360》《青海新闻联播》和《晚间播报》三档新闻节目的内容打造。在形式上，《午间360》和《青海新闻联播》坚持做直播新闻，保证节目高效、新鲜。在内容上，三档节目结合各自时段特点及采编流程，呈现出不同的风格特色。其中，《青海新闻联播》在准确、及时完成时政新闻报道任务的同时，还注重以民生视角对社会新闻进行捕捉。与之相比，《晚间播报》则相对轻松、明快，特别加入了“省外媒体看青海”的特色内容。中心副主任张小宇向大家介绍，下一步，新闻中心还将更加注重对以上三档新闻节目的内容进行区隔，争取在今年年底达到预定的特色区分效果。

与此同时，新闻中心尤其注重对本地区民族进步、生态文明建设等特色主题新闻的报道。在以往的工作中，中心通过对青海省少数民族传统体育运动会、青海省“民族团结进步”主题刺绣展暨刺绣大赛等事件的报道，在推动民族进步与民族团结的良性效果上努力做出成绩。2016年，新闻中心协助央视拍摄的专题新闻《我们与藏羚羊》不仅向观众揭开了藏羚羊的生存之谜，也同时反映了藏羚羊的生存现状和与之相关的环境问题。近期正值第十七届环青海湖国际公路自行车赛，新闻中心抽调骨干记者前往赛事一线，在进行赛事报道的同时，重点将比赛中的特点人物、趣闻故事传达给受众。

座谈会临近尾声，各位业界前辈结合自身从业经历，提醒兰州大学新闻学子在今后的新闻报道中既应该想百姓之所想、及百姓之所及，又应牢记新闻人应有的家国使命，对新闻工作心存敬畏，警惕由错播、错写带来的负面影响。

（作者为兰州大学新闻与传播学院研究生；指导教师张华为兰州大学新闻与传播学院教师）

高原，阳光，足球梦

赖聪

"呀！呀！"西宁城市职业技术学院操场上，青海女子足球队正在训练。七八个姑娘围成一个圈传球，每传一次，所有队员齐声喊一声"呀"。

炎热的7月里，2018年全国青少年校园足球夏令营24个营区先后开营，西宁是高中组第四营区所在地。这支代表青海省的女子足球队一共22名球员，其中19人来自青海玉树藏族自治州。青海队、甘肃队、新疆乌鲁木齐队、新疆生产建设兵团队的男子、女子组共八支球队参加了此次夏令营。接下来的十天里，176名运动员将在这里训练、比赛，最终选拔出最优秀的男女球员各三十名参加全国总营的训练。

高原上的羊羔花

刚下过雨，操场还没干，天空阴沉沉的。这天下午是西班牙外教的训练课时间。

"女队一个小时后训练。"一位翻译高声宣布。

第一次参加夏令营，姑娘们显得很兴奋：有的拿着球做各种花样，大腿颠球、额头颠球、二人互传，一样不落，有的七八个人围成一圈传球，还有的待在遮阳伞下面向上用力一撑，将遮阳伞上的水淋到队友身上，然后大笑着跑开。这群高一到高三的藏族姑娘活泼好动，经常说一两句话就爆发出两三声大笑。

她们是青海省校园女子足球队中的佼佼者，主要来自玉树。经过选拔，代表青海省参加此次夏令营。她们来自海拔超过3 500米的高原，清一色的麦色皮肤是高原阳光的馈赠。在这里她们将接受为期十天的训练和比赛，表现出色的队员将成为最终的三十分之一，加入全国校园足球夏令营总营。

实际上，玉树女足起步比较晚。2018年3月，在给学校男足训练时，玉树第二民族高级中学藏文老师兼足球教练尼玛旦周试着让球场边围观的女生一起训练。成立一个女子足球队的念头在他脑海里出现，令他没想到的是，竟然有六十多人报名。他从报名的六十多名女生中，挑选出十几名组成“鲁格梅朵”女子足球队。“鲁格梅朵”意为“羊羔花”，羊羔花是生长在高原的花朵，也被称为春天的使者。当高原冰雪消融，天气转暖时，羊羔花就绽放出美丽的花朵。这些踢足球的姑娘，就像高原的羊羔花一样，年轻、美丽、充满希望与活力。球队的成立，使得越来越多的女生加入到足球运动中来，还在青海踢出了些名堂。短短几个月，她们就走出了玉树，尼玛旦周感到很满足。

来夏令营之前，青海队大部分成员没有经过专业的训练，球龄也短，多则两年，少则三个月，与甘肃队、新疆队五年、十年的球龄比起来显得有些吃亏。7月22日下午，在与新疆生产建设兵团女子组的比赛中，青海队零比六惨败。

“输了是输了，我们起步晚，训练少，她们也是第一次来，但毕竟起步了嘛。”教练尼玛旦周背着手，看着球场说。

女生训练时间到了。教练是两个西班牙外教，游戏环节，青海队被分成了两队。两个外教用西班牙语说一遍规则，旁边的翻译再翻译一遍。

“交叉！交叉！交叉之后给下一位传球！”

姑娘们似乎没有理解游戏规则，跑到足球旁边略显迟疑。翻译的喊叫声和西班牙教练的指挥声混杂在一起，在一旁观看的尼玛旦周背着手没有说话，目不转睛地盯着球场。训练结束后打了一场小小的队内赛，与另外半场的甘肃队比起来，青海女足姑娘们脚下确实没有那么灵活。尼玛旦周在场外用藏语和球员们交流，指挥每个球员的动作。

“玉树的足球氛围很好，但总不能坐井观天，只有出来了才能有所进步。”尼玛旦周说。

渴望胜利的“长寿仙女”

7号队员才拉毛是青海女队的种子选手之一，场上位置是前腰。出生时，家里请的活佛给她赠名“才仁拉毛”，意为长寿仙女，但大家多叫她才拉毛。她把头发编成一缕一缕的细小的辫子，帅气地扎向后方，颇像非洲的“小脏辫”，这样踢球的时候头发不至于散乱。但是她只编了一半，另一边仍旧散乱着。

“这是我自己想出来的怪方式，我的黑色皮筋用完了。”她一边整理头发一边说。

才拉毛接触足球的时间并不长，高一开始玩足球，满打满算，下学期读高三的她和足球仅“结识”了两年。高一之前，才拉毛对足球的了解仅限于“足球不能用手碰”和球星C罗。高一时，在闺密江永才措的带动下，她疯狂地爱上了足球。

初中时，她的梦想是成为一名女兵，高中一毕业就去参军。但足球闯入她的世界之后，参军梦无果而终，而足球和胜利成了她新的渴望。

才拉毛喜欢C罗，初中时就是C罗的球迷。C罗穿7号球衣，她也穿7号球衣。C罗被媒体称为小小罗，她把微信和快手昵称都设成了“小小罗”。C罗在英超和西甲证明了自己，成为唯一的克里斯蒂亚•罗纳尔多；她把这位世界级球星奉作偶像，渴望有一天也能成功。

但踢球这项爱好一开始遭到了父母的反对，他们既不懂球，也担心踢球耽误学习。实际上，“小小罗”确实把学习落下了。

“但是我忍不住，不踢球我腿子痒。”她一边说话，一边将她粉色的护袜折下去又卷上来。

她说痒的那条腿受伤了，右膝盖处正在结痂。一个星期前和男生踢对抗赛，天下大雨，草地湿滑。为了挽救一个边线球，她摔了一跤。右膝盖、下嘴唇和下巴磨破了皮，手仍旧肿着。

“我当时感觉我嘴巴烂了。”她微微笑了一下。

但是一次胜利换来了阿爸阿妈的认可。今年4月份，才拉毛所在的玉树二高鲁格梅朵女子足球队参加玉树州“鲁格梅朵青年杯”校园足球比赛，获得了冠军，而才拉毛获得了最佳球员奖。他们知道女儿能把球踢得很好，也就开始支持女儿。这次来参加夏令营之前，他们主动催着她在虫草假期间去踢球：“去练球，练球去。”在藏族地区，虫草是多数家庭的一大收入来源。每年五至六月份是挖虫草的时节，乡镇学校便会给孩子们放假，让他们帮助家长挖虫草。

才拉毛平常接受到的训练并不多，除了周六、周日上午的训练时间，多数时候是自己自学，盘带、停球、传球一样不落。她跟着网上女足训练视频练习脚法，不上课的时候，一大早就带个足球出门自己练球。她的同学们评价她“很会享受生活”——足球让她的生活丰富了起来。高二时，她加入了藏木兰女子足球队。2017年7月，一群热爱足球的女孩创建了一个属于自己的球队——藏木兰女子足球队，这里有高中生、大学生，也有工作了的队员。她们希望自己成为藏族木兰，“像将军一样”驰骋足球场，像格萨尔王座下的女将军一样勇敢坚韧。

这天下午训练结束，才拉毛将足球放在双脚之间，左脚稍前，右脚稍后，用左脚跟将球向后轻轻撩起再用右脚跟接住，用力向上向前踢过头顶到身前，做了一个漂亮的彩虹过人姿势。但她有点失落。和球场上容光焕发、自信满满的才拉毛有点不一样。

“哎呀我真的要泄气了，自己怎么努力都没有用。我之前都够努力了，我现在再努力都感觉有点费事了，都没有精神放开去踢球了。”昨天球队惨败，今天训练不顺心，在见识了别人优秀的脚法和完全不一样的训练方法后，她有点无所适从，蔫蔫地走回宿舍。

“慢慢来吧。”她边走边给我挤出了一个微笑。

运动员们住在西宁城市职业学院的宿舍里，四人一间，被套和褥子是统一的淡蓝色格子布。才拉毛的床上放着一个鸡蛋，我问她为什么会有鸡蛋，她乐呵呵地说：“下蛋了！”

才拉毛心情稍微好转，拉着我坐在床沿，给我展示着她在快手里发布的关于足球的视频。

“他叫C罗，我叫小小罗。他7号，我7号。他是世界球王，我是黄毛丫头。他是葡萄牙人，身穿7号战甲奔跑在绿茵场；我是藏族人。他的教练叫穆里尼奥，我的教练叫尼玛旦周。他的球队叫皇马，我的球队叫藏木兰，我们都渴望胜利。”

球场上的才拉毛(左二)　　敬雯　摄

这个一个月前发布于快手的视频，寄托了才拉毛对偶像的崇拜以及对胜利的渴望。

“为什么你把自己称为黄毛丫头？”

“因为我不敢称自己为球王呀。”

“你觉得你现在胜利了吗？”

“也就胜利了那一次吧。”

会说唱的白雪公主

“大家好，我是白雪公主！”龚尕拉毛胸前背着个小包，调皮地进行自我介绍，其他姑娘对她报以大笑。在藏语里面，龚尕意为白雪，拉毛意为公主。

龚尕拉毛也来自玉树第二民族高级中学，是队里的8号，踢中场。她长得高瘦、清秀，有着健康透亮的小麦色皮肤，踢起球来却一点不含糊。训练中，这个十七岁的小姑娘像草原上奔跑的马，迅疾而勇猛。她的球龄不长，高一才开始接触足球。两年间，她拥有过三个足球，踢爆了两个。第一个足球是白色的，上面带有皇马队标。

在玉树，很多父母都支持孩子踢球，经常有家长自发地在球赛现场给球员们买水，比赛结束后给裁判员献上洁白的哈达。龚尕拉毛的父母对她踢球没有太多意见，属于“言语上不支持，行动上支持”的类型。不支持的原因无非是担心她天天踢球影响学习。龚尕拉毛学的理科，下学期念高三，成绩处于班级中上游。

“踢足球担心晒黑吗？”我问。

“担心呀，你们看我现在已经完了呀，哈哈哈。”烈日下她半眯着眼睛说，不忘自我调侃。

“白雪公主”也担心踢球会晒黑，也顾虑过奔跑过度会导致肌肉发达、小腿粗壮，“有时候想穿紧身的裤子没法穿”。但她仍旧喜欢足球，享受球场上努力拼搏、积极勇敢的感觉。

臧木兰队员兼教练才文拉措在球场外面看着姑娘们踢球，时不时给她们拍照。

“玉树的女孩子多半比较文静，但并不是只有泼妇才能上场踢球对吧？”才文拉措长得白皙美丽，很骄傲自己能踢球——即使有些人“很封建”，将女生踢球与泼辣画上等号。

藏族姑娘们能歌善舞，常常在训练空隙跳舞。音乐一放，十二个姑娘一下子排成三列四行跳起了锅庄舞——她们在为23日晚上的联谊晚会做准备，每个球队都得出节目。除了锅庄舞，青海队还准备了一个打墙舞、一个街舞、一个合唱。曾经在校舞队的才拉毛擅长跳从快手上学来的现代舞，而龚尕拉毛喜欢说唱。

“酷啊！特别刚，也不像别的歌曲柔柔弱弱的。”龚尕拉毛说。

小学时，看哥哥姐姐说唱，觉得很酷很好玩，她便学着写写词，带上伴奏就唱起rap。高中班级里也有一个喜欢说唱的男生，但他不写词，一般只freestyle（即兴表演）。

回 家

7月29日，训练结束了。

卓玛才仁和索南卓玛获得了去总营继续训练的通行证，她们将在青岛总营度过她们的8月。

1999年7月出生的才拉毛因为超过规定年龄两个月，无缘总营。回去之前，才拉毛剪短了头发，和队员们一块儿聚了个餐。“刚刚好，只能怪命运，乐观点吧，继续努力。”才拉毛在朋友圈写下了这么一段话。

而多数人，会带着这次夏令营的回忆，坐上她们来时坐的大巴，十二三个小时后回到学校，继续上课、备战高考；继续踢球，把从西班牙教练那学到的、更强劲的对手那学到的技巧传递给没来夏令营的伙伴。

踢前锋的也色卓玛说：“玉树一开始没有太多女生踢球，但一些人喜欢，就会带动另一些人一起踢。”在玉树，男孩对足球的热爱感染了一些女孩，她们带动了更多的女孩喜欢上了足球，喜欢上了在绿茵场上奔跑的感觉。家长支持、学校配合、国家倡导，使得玉树的足球氛围日渐升温，健康、自由、勇敢在这片古老的土地上蔓延。

这些年轻而又积极的生命接受了高原上稀薄空气与热烈阳光的淬炼，与牦牛共呼吸，与雄鹰同飞翔，也将与足球一同生长。

（作者为兰州大学新闻与传播学院本科生；指导教师张华为兰州大学新闻与传播学院教师）

含苞待放的铿锵玫瑰

——寻访校园足球夏令营

黄倩茹　安小洁

她们是高原上的格桑花，她们是天山上的雪莲花，她们也是黄河畔的玫瑰花。

她们是怀揣“足球梦”的少女，生活在西北大地。来到夏令营后，心中便只有足球，再无其他。

在绿茵草地上，在红色跑道上，随处可见她们的身影。

2018年7月22日早晨9点多，我们来到了西宁郊区的“2018年全国校园足球夏令营（高中组）第四营区”训练基地。天空下着淅淅沥沥的雨，微风吹拂，带着丝丝凉意。然而，操场上，穿着红、白色队服的两支队伍正在进行着紧张又激烈的比赛。

正在赛场上激烈“搏斗”的是从新疆选拔的两支男足，同行的女足队员正坐在绿茵草地旁为他们呐喊加油。一位手上挂着绷带的女孩在她们之中格外突出。

兰大学子与“藏木兰”女足的合影　　周葛钰星　摄

我们向前询问，你是新疆女足的队员吗？没有想象中的害羞，她很大方地接受了我们的采访，说：“我是新疆生产建设兵团的女足队员。”当被问到手上的伤时，她低下头，瞄了一眼，不好意思地笑了笑，告诉我们，这是昨天踢比赛弄伤的。她被两人夹攻，混乱中一个人坐在了她身上，导致她的锁骨骨裂，后来去了医院，医生说要停训几天。

这个女孩叫李曼。她14岁开始踢球，至今已经三年。下学期就要上高三了，但还是坚持训练。在这里，有很多像她一样的准高三生。有的高中才开始踢球，只踢了一两年，比如来自青海玉树的也色卓玛和龚尕拉毛，还有来自甘肃白银的李艳雪；有的从小学就开始踢球，可以说是童子功出身，比如来自新疆的陈子怡。

她们来自西北各个地方的高中，经过一层层的选拔，最终脱颖而出，进入到全国青少年校园足球夏令营第四营区；只为能通过最后的考验，正式成为全国青少年校园足球队的一员。

未来，对她们这些准高三生来说，看似遥远，却又离得很久。对于未来会不会继续踢球或者从事足球方面的工作，她们没有想太多。“只要学校不阻拦，就会继续踢。”李曼坚定地说。李艳雪同样如此，她说，她很喜欢踢球，所以想一直踢。考虑过成为职业球员的龚尕拉毛表示这条路太难走了，还是觉得享受现在就好。陈子怡也表示，有过这方面的打算，但未来的事说不准，现在这样挺好的。

也色卓玛说：“我没有想太多。虽然有时候会很辛苦，但没有想过放弃，坚持初心吧。”

什么是她们的初心？是什么使她们选择这一条道路？是什么支撑着她们一路走过来？

“我一直喜欢足球这项体育运动，但学校没有足球队，我不能正式地踢球。后来一位新来的老师组建了足球队，我就参加了，接受专业的训练。”李曼向我们讲述了她加入足球队的缘由。

同样，也色卓玛也一直很喜欢足球，时不时会和男生一起踢球。一群爱踢球的女孩让学校决定组建女子足球队，她自然而然就加入了足球队。“一开始人不多，就六七个，现在越来越多了。”说到这时，也色卓玛露出灿烂的笑容。

陈子怡加入足球队算是一个巧合。刚开始因为好玩，加入了学校的足球社，没想到被老师选拔到了学校的女子足球队。如今，足球对她而言，已经从简单的兴趣变成了生活中重要的一部分。

大部分人加入足球队是因为喜欢，但李艳雪应该是一个特例。“当时看足球队因为训练可以不去上课，就抱着不想上课，去玩一下的心态加入了，没想到坚持到了现在。”说完这句玩笑话的女孩，没多久就投入到训练中，认真专注的模样，活像个小大人。

队员们都陆陆续续开始上我国教育部聘请的西班牙外教的训练课程。李曼一个人坐在看台上眺望远方，不知道是在思念远方的家人，还是在寻找未来的出口。

原本已经放晴的天空又下起了小雨，淅淅沥沥。闲不住的李曼还是冒着雨走了下来，看着在球场上奔跑的队友，眼帘低垂，掩饰不住内心对踢球的渴望。此时，队友踢了一记好球，眼里闪着亮光，脸上的阴霾消失得无影无踪。

没有参与训练的还有陈子怡。与李曼不同，她是因为早上踢了一场激烈的比赛，下午的训练暂停了，坐在看台上观摩其他队上课，算是忙里偷闲吧。她说：“受伤对我们来说都是常事，几乎每场比赛都会受伤。抽筋啊，擦伤啊，都不是事，而且我们膝盖都会有积水。不过膝盖和脚腕需要特别保护，如果受伤，可能会影响以后踢球。”

不只是她，很多女队员都把普通女生忍受不了的伤痛当成家常便饭，毫不在意。李艳雪和也色卓玛纷纷表示，在比赛时，即使受伤了，也会咬牙坚持下去，不会说什么。

看着自己手上的伤，李曼告诉我们，经常受伤是父母反对她踢足球的唯一原因。

“我的父母都挺支持我踢球的，因为我是在追求自己喜爱的东西，而且能有所成长，偶尔的抱怨只是不希望我受伤，不希望我太辛苦。”

爱孩子的父母都是嘴硬心软的。这一点，也色卓玛和龚尕拉毛心里都很清楚。

“他们认为踢球会耽误学习，所以不喜欢我们踢球。不过这也只是嘴上说说而已，如果我们需要买装备，还有参加一些足球活动，他们还是在行动上支持的。”也色卓玛和龚尕拉毛不约而同地说道。

“当然支持。”李艳雪半开玩笑半认真地说，“他们觉得没准我能靠踢球考上大学，所以挺支持我踢球的。”身边的队友纷纷点头，表示同意。对她们而言，踢球确实是因为热爱，但考虑到未来，她们不得不变得现实，也希望可以通过自己喜爱的事物得到社会的认可。

陈子怡能进入到当地最好的高中，就离不开足球特招。因为老师的建议，她成了学校第一批尝到足球特招甜头的球员。虽然曾因为学习而暂时放弃踢球，但后来因为热爱而重返球场。在这个过程中，她的父母一直都很尊重她的意见，不会过多地干涉。

作为足球特招生，陈子怡的成绩本就比不上很多同学。然而，她努力兼顾训练和学业。周一到周五的大课间和自习课都会进行训练，周末也不例外。上午补课，下午训练，这就是她的周末，和现在许多孩子一样，很少有娱乐的时间，但她享受其中。

为了“逃课”踢球的李艳雪也是每天都要训练。“上课的时候，我们每天早晨六点起来进行素质训练，然后下午自习课会训练个人球技和团队配合。我们周末也要训练，有时赛前甚至会加训。有时候训练太累，我会在课堂上打瞌睡。”说完，李艳雪不好意思地挠了挠头。明知会影响学习，还是坚持训练。

相对来说，李曼、也色卓玛还有龚尕拉毛不用每天训练，对学习的影响较小，但周末和节假日必不可少的训练也是不轻松的。

李曼解释道：“我们的文化课和训练课会分得很清，一般不会占用文化课的时间，遇到考试就会停训。学校也会给予我们学习上的支持，比如老师会免费帮我们补课。”

也色卓玛也表示踢球和学习之间的冲突不大，因为周一到周五她们都会认真上课。但龚尕拉毛提到，我们学校的暑假时间是5月20日到6月20日，所以现在我们的同学是在上课的，而我们因为要参加这个夏令营，不能去上课。

这些明知会影响学习，还是坚持训练的女球员始终是单纯的孩子，也是贪玩的。不会刻意控制饮食，想吃什么吃什么。龚尕拉毛偷偷地告诉我们，虽然教练会叮嘱她们不能喝碳酸饮料，不能吃辣的，但她们还是会吃。

李曼说：“7月28号，也就是夏令营训练结束的前一天，这里会举办一场联谊会。我们队会有舞蹈表演，但是我受伤了，参加不了，唉。”

提起联谊会，爱唱歌跳舞的也色卓玛特别兴奋，因为能和队友一起表演。对于平时将时间都用在学习和踢球的李艳雪和被学校严格管理的陈子怡来说，这是一个很好的放松的机会。

除了爱玩，她们也会爱美。不过在被问到平时会不会穿裙子时，大部分人都笑着摇摇头。对她们来说，不是不想，而是不能。虽然会晒黑，伤口会留疤，腿会变粗，但比起踢球，这些都是微不足道的。

“我平时会穿裙子，会穿短裤。毕竟我们也是女孩，不是吗？”陈子怡直爽地说，说完便跟着队伍走了。

看着她和队友渐渐走远，想起她说："我们上火车之前都不太了解，不过交流没什么问题，毕竟都会踢足球，但是我们以前踢球的习惯都不同，所以现在比赛打不出理想的效果。"

不只是她，早上刚打完一场比赛的李艳雪也为第一次磨合中大家配合不太好而懊恼。

虽然在比赛中因为对手而受伤，但李曼笑着说："赛场上小冲突是经常发生的，但是大家都是奔着足球来的，为了一个目标，所以无所谓。"虽然比赛很重要，但彼此间的友谊也很重要。也色卓玛像成熟的大人似的，说："珍惜缘分吧，毕竟都是喜欢足球的女生。不管是怎样的人，只要是喜欢足球，就会有亲切感。"

虽然她们生活在中国西北角各个地方，她们说着不同的语言，她们球龄不同，代表不同的队伍。但她们有共同的爱好，同样的使命，同样是单纯的女生，同样坚强得让人心疼。因为缘分相聚在这里，足球是她们沟通的桥梁。她们的年龄只有十七八岁，但要忍受着高原气候的恶劣，忍受着对家人朋友的思念，忍受着在外生活的不易，在赛场挥洒青春的汗水。在战场上她们是对手，在生活中她们是朋友，只因她们有一颗热爱足球的心。

（作者为兰州大学新闻与传播学院本科生；指导教师张华为兰州大学新闻与传播学院教师）

看青海

——重走西北角

黄倩茹

有人说，看一个人要看外貌、衣着、谈吐，那看一座城市呢？要看经济发展，还是看基础设施，或是看旅游景点？

我只想看看它孕育的普通人。

塔尔寺的蒙面商贩

2018年7月20日，我们一行人来到了塔尔寺——我国藏传佛教格鲁派创始人宗喀巴大师的诞生地。

从公交车上下来，映入眼帘的是雄伟磅礴的建筑和密密麻麻的人群。在喧闹声中，“牦牛酸奶，正宗的牦牛酸奶”一声声叫卖声格外响亮。

刚进入景区，许多商贩便上前来兜售他/她的商品。他们脸蒙彩布，身穿少数民族服饰，手拿转经筒。也许是习惯了被人拒绝，哪怕看到我们一次次礼貌地摇头，听到我们一次次说出不要，他们仍锲而不舍。

在排队买票时，同行的学长与一位瘦小的阿姨聊了起来。原来，他们蒙着脸是有原因的。不是因为防晒，更多的是因为害怕城管。就像城里每个街道都有城管专门管理一样，这里也是归城管管理的。这里的商贩大多数都是本地人，除了有“固定铺位”的小贩外，其余都是流动小贩，可以说是没有营业执照的。他们来到这里，也只是想靠着向游客兜售些自己做的旅游产品，赚点小钱。没有得到许可的他们，要随时提防城管，因为如果被抓到，是要被惩罚的。

票买好了，我们与一个个蒙脸商贩擦肩而过。我看着他们的眼睛，这是我第一次这么认真地与他们对视。虽然看不出他们“面具”下的表情，但他们的眼睛是深邃的，乌黑却透出几丝亮光，从双眼中可以看到生的希望、对美好的期待和生活的不易。

登上阶梯，俯视人群，无论高矮胖瘦，仔细一看仍能分辨出谁是商贩。因为他们是一群蒙着面的人，手上拿着各种小商品，四处走动，遭受无数次拒绝，只为卖出一件商品。

日月山的青海保安

第二天，前往青海湖的路上，我们路过日月山。

“传说当年文成公主远赴西藏，在这停留时，很想念家乡，就忍不住取出临走前唐太宗赐给她的日月宝镜。唐太宗对她说，如果想家了，就拿出镜子看一看，就能看到远方的家人。没想到镜子被随行的一个宫女调包了，文成公主透过假的镜子根本看不到她的家人。于是她伤心欲绝，一怒之下，将日月宝镜抛下山，摔碎了。摔在东的是日镜，摔在西的是月镜，形成了现在的日月山……”司机高叔叔兼任导游，向我们讲述了日月山的历史。

关于日月山的传说有很多，真伪难辨。但这些传说都是当地人赞颂文成公主，赞美日月山，借此来表达自身对美好生活的渴望。

天空几朵白云飘过，我们听着故事，看着蓝天、白云和青山，赞叹日月山的美。沿着公路走上去，便能看到日亭和月亭。没有买门票的我们，只想在景区外面拍几张照片。

当我们继续向前走时，一位保安大哥拦住了我们，问：“你们是哪里人？”

“我们是从兰州来的。”

“你们买门票了吗？没买就不能进去。”

“我们不进去，就是在附近拍拍照，可以吗？”

“不可以，你们不能走过去。”

“那为什么他们可以直接走过去？”我们指着来来往往上山的人群。

“现在这里有个节日，青海人能免费进。”

“那你怎么知道他们是不是青海人？”

“一看就知道，他们脸都红彤彤的，和你们不一样。”

被赶走的我们嘴上嚷嚷着，早知道我们就说我们是青海人了。

回头看，那位固执的保安大哥还在四处巡视，许多皮肤黝黑，脸上还透着高原红的人们从他身边经过。

我想，我们不是青海人，我们没有那抹高原红。那一抹高原红就像西北高原赐给他们的礼物，成为他们的身份象征。或许曾有人抱怨过那抹红的丑，但终会明白这没有美丑之分，这是她们土生土长的高原为她们的诞生添上的色彩。

青海湖的骑马小哥哥

不舍地离开日月山，我们来到了青海湖。与日月山一样，这里也流传着许多关于青海湖的传说，其中最典型的也是文成公主的日月宝镜。这次，被扔出去的宝镜没有摔碎，完好无损地落地。宝镜落地时闪出一道金光，变成了青海湖。

托高叔叔的福，我们进入了一个牧民在青海湖旁的草场，不用进入景区就能欣赏到青海湖的美。和景区一样，牧民们也会在自己的草场上做起生意。“要不要和珍贵的白牦牛拍照？”“骑马，可以骑马下水拍照，只要十块钱一次啊。”

从远处看宛如一面镜子的青海湖，近看是如此广阔，仿佛望不到边际。被青海湖深深吸引的我们丝毫没有注意一直围在我们身边的骑马小哥哥。“你们要骑马吗？骑马很好玩的。”他多次旁敲侧击地问。然而我们每次都笑着说不要，然后就专注于拍照。

在湖边骑马的小哥哥　　黄倩茹　摄

见我们都不理睬他，吃瘪的他只好自己嘀咕道：“我今天都没有开张，也不帮帮我……”也许是清楚我们的固执，他没再“骚扰”我们，而是站在我们旁边，看着我们打闹。

“敬雯，敬雯……”我大声喊道，然而专心拍照的她并没有听到。“敬雯，有人叫你。”站在她身边的骑马小哥哥说道。我们惊讶地看向他，一脸疑惑，怎么他会知道谁是敬雯？

见我们不约而同地看向他，与之前“死皮赖脸”地让我们骑马的模样不同，他不好意思地挠了挠头，笑了笑，说：“你们互相叫着，我听到就记住了。”随后，就像认识很久的朋友一样，他熟悉地喊着每个人的名字，与我们打成一片。

看着与我们年龄相仿的他熟练地招呼其他旅客，心想，如果是我，我能做到这样吗？这就是一方水土养一方人吧。西北大地上，有许多这样的青年，他们单纯、热情又成熟。

后　记

在重走西北角结束之际，希望能写点什么记录这次特殊的旅行。然而这一路的所得所感并不是用简单的言语能表达的。一路走来，遇到许多厉害人物，看到许多令人赞叹不已的景观。然而在动笔之际，脑海里浮现的全是当时被我忽略的普通人。他们没什么特殊的闪光点，没有伟大的理想，或许只想平平淡淡地度过一生，但他们淳朴的笑容、笔直的背影，让人忍不住回头。

（作者为兰州大学新闻与传播学院本科生；指导教师张华为兰州大学新闻与传播学院教师）

“离佛最近的地方”

——塔尔寺见闻

余丹

大金瓦殿外围，信徒们赤着双脚，身前铺一方毯，五体投地匍匐，双手向前直伸。每伏身一次，他们起身后再次从原地匍匐，周而复始地向着菩提树做上十万次。这里是塔尔寺——离佛最近的地方。

——编者按

据说塔尔寺中心的菩提树是世界的第二神奇，仅次于古印度的第一神奇——释迦牟尼曾在那棵树下领悟到了人生真谛并给它赐名菩提树。这里曾经是一片大草原，是藏族人民游牧的地方，如今这山上已是八百多位僧人的生活区，塔尔寺更是受到信众们的敬仰与膜拜。

佛教有云：“一花一世界，一叶一菩提。”一片叶子代表一尊佛像，十万片叶子代表了十万尊佛像。教徒们就在大金瓦殿外围，赤着双脚，身体的正前方铺一方毯，双手伸直，从两侧慢慢举到头顶合十，在头顶、眉心、喉部，心窝处停顿并默念，然后双手向两侧前方摊开，身体下跪并前仆。每伏身一次，他们起身后再次从原地匍匐，如此周而复始，向着寺中心的菩提树，做上十万次。这个朝拜叫作五体投地，是对佛的最高膜拜。他们用佛珠计数，一串佛珠就是一百〇八颗，完成十万次的原地磕长头最快两个月，最长四个月。在这期间，景区门票对他们全免，但是他们生活费、住宿费得自理。没人管着或者要求他们怎么做，是深入骨髓的信仰在支撑着他们。在大金瓦殿外围的这些教徒中，有的是从川藏、青藏线来回五六千公里，花两三年的时间于行进中磕长头，这没有坚定的信念是无法完成的。

来到塔尔寺殿堂的每一个人，遇到门槛都必须要跨过去，意指跨过人生坎坷。不要逆时针礼佛，不要走回头路，不管是转山绕湖转佛塔，都是从左往右。藏族老阿妈手上拿着的转经筒也是如此，顺时针转动，心里默念南无阿弥陀佛，即我愿与佛如何，佛便会赐予你智慧。

赐予智慧、增长学识的还有佛教学校，这是教徒们学习理论的地方。教徒们通过辩论、口口相传的方式传播知识理论，到了大学可以选择自己喜欢的专业，取得国家认可的学位证明。藏传佛教的内容是显密双修，先修显宗（基础理论），再修密宗。密宗是佛教的精髓，秘而不宣。教徒们相信人有来世，死亡并不可怕。据说活佛圆寂后，三年后才去找他的下一世，这是他的转世，虽然肉身是不一样的，但灵魂还是同一个。很多活佛圆寂后，肉身缩小形成一个舍利，或是在火化后，头发骨头都得舍利，就形成了自己。

作为一个游客，我虽然不懂他们其中的奥秘与深层内涵，但却也被他们的“工匠精神”所折服。塔尔寺有“三绝”。“第一绝”是壁画，它的原料和一般的壁画完全不同，采用石质矿物，用藏药保持，色泽鲜艳经久不变。在教徒们上早课的四周挂着布面画，可以发现其中尤其注重人物性格的刻画，形神俱佳，给人一种美的享受。“第二绝”是堆绣，最具代表的是塔尔寺大经堂的“十八罗汉”立体堆绣，眼睛是宝石镶嵌的，衣着纹理毕现，肌肉也是被绣制得纹理分明，形象惟妙惟肖。第三绝是酥油花，僧侣们在每年的农历十月十五开始制作酥油花，到来年的正月集中进行展示与评比。因为酥油极容易融化，因此僧人们在制作的过程中需要不时将手放入零度以下的冰水中降温。我们在惊叹于艺术品的精美绝伦的同时，可能很少想到有的僧人在做了一段长时间的酥油花后，手僵硬得连筷子都拿不动了。

这些成就都离不开一个人——宗喀巴大师。如今在塔尔寺里供奉着的是宗喀吧大师二十二岁的佛像。他七岁皈依佛门，十六岁时前往西藏学习佛法，仅用了六年时间就拿到了佛学双学位，三十五岁时自己开始写经书，五十三岁改革藏传佛教，这才有了如今的教派与塔尔寺。塔尔寺中央的菩提树处是大师出生的地方，是三圣之地，离佛最近的地方。在藏民们中流传着一个故事：大师的母亲曾在这片草原上游牧，等她的孩子从西藏回来等了六年。当时大师的阿妈身体不好，满头白发，写了一封家书希望孩子能够回来看她一眼。但是因为宗喀巴大师当时正是学业高峰期，没有回来，就画了自己的画像托僧人带给阿妈，并且希望在他出生的地方，以树为中心建一个塔。当时阿妈建的是石头塔，如今已经成为金塔。塔中间的树是母子连心树，母树通过吸收外界的光照和水分来供养里面的子树，在经过了六百四十多年后，中心被包着的子树仍然是活着的。

塔尔寺曾经也被称作“塔儿寺”，意为见塔如见儿。如今，信徒们向着它顶礼膜拜，因为他们说这是离佛最近的地方。

（作者为兰州大学新闻与传播学院本科生；指导教师张华为兰州大学新闻与传播学院教师）

理解、尊重、包容

——一位民族学学者对少数民族文化的态度

郭琪琪　冯璐

1935年7月起，范长江先生作为《大公报》的见习记者开始了他对中国西北角为期10个月的旅行考察。同年12月，他踏上了“祁连山南的旅行”，记录了自己在青海的行程见闻并发表了对民族问题的看法。

2018年7月，兰州大学新闻与传播学院“第八届重走中国西北角”青海小分队来到青海，沿着范长江的足迹重走了这个多民族融合发展的省份。

到达西宁的第一天，我们就民族与民俗学的相关问题请教了青海民族大学民族学与社会学学院副教授李建宗博士。他先后在《读书》《思想战线》《西北民族研究》等学术杂志上发表了三十多篇有关该领域研究的文章。

“中华多民族共同体”是理解民族融合的重要角度

出生在陇中农村，不喜欢吃羊肉，闻不惯酥油味的李建宗怎么也没有想到自己竟与西北少数民族文化研究结下了不解之缘。

“裕固族文化包含着占一定比例的青藏高原文化，想要了解裕固族文化就必须先了解青藏高原文化。”在主要从事民俗学和文化人类学研究的李建宗看来，由于不同文化间在思想观念、物象、实相等方面存在一定的差距，人们对不同于自己民族的文化产生排斥心理属于正常现象。但“部分人对少数民族有一定的误解，认为少数民族是没有文化的，是落后的，这是一种错误的认识”。

从一开始对与自己所属文化有一定差别的文化产生的震撼到理解与尊重，李建宗认为自己对少数民族文化认识的加深，正是得益于对少数民族文化的调查和研究。

“中华民族多民族命运共同体”，李建宗认为这一概念对理解民族融合具有重要的指导意义。“游牧社会和农耕社会并不是一堵墙（长城）堵死”，在李建宗看来，各民族文化间是交流互动的。比如，游牧民族的生活具有单一性，他们需要与农耕民族交易来换取粮食以保障生活，久而久之，从物质交往到精神交流，他们之间的联系愈加密切。

图为青海小分队记者采访李建宗　　敬雯　摄

“各美其美，美人之美，美美与共，天下大同。”李建宗引用著名社会学家费孝通先生总结的16字箴言向我们表达了看待不同民族文化的态度：尊重自己文化的同时也要承认文化的多样性并尊重不同文化的差异。

一些人对“非遗”的理解是一种错觉

由民俗、民族研究到非物质文化遗产的保护研究，是李建宗近年来学术研究的一条主要脉络。在他看来，对非物质文化遗产的保护实际上就是对文化多样性的保护和促进。他对我们介绍了近些年他关于裕固族非物质文化遗产研究方面取得的一些成果以及对非物质文化遗产现状的一些看法。

他谈到，今天的很多人对“非遗”的理解实际上是一种错觉——我们往往“欢呼”某一项文化遗产被宣布成为国家级或者世界级的非物质文化遗产。其实，“我们不应该骄傲”，按照联合国教科文组织非物质文化遗产保护的宗旨或目的，我们应当“产生内心的危机感，深深的危机感”，因为，“当一个事物成为非遗时，就说明它快要消亡了”。

“非遗”的名片是为了引起全社会的关注，我们要做的是发展它或者延缓它的消亡。“我们需要有保护非遗的责任感。”李建宗一字一句地说。

目前，很多人打着保护非遗的名义却在不断地改变和利用它。在李建宗的论文《传承还是改编——入围非遗的尴尬》一文中指出："把个别'土著'的地方民俗加工成'现代味'十足的'新品种'，这些穿行在传统和现代之间的'混血儿'，也可以说是时代孕育的'似牛似马''非牛非马'的'四不像'，正是它们走向时代的前台，就对一些'原生态'的地方文化不断地挤压和遮蔽。"

李建宗认为在"非遗"项目的申报过程中，更多的是一些人为了达到商业化炒作的目的，对"非遗"进行改编和装饰。

他还认为，在今天，原生态的东西几乎都消亡了，他和一位老师开玩笑地说："你和我现在都不是原生态的了。"

我们提倡不要打着保护的名义来破坏"非遗"，生活中，有很多人为了谋取经济利益而这样做。"结果离遗产越来越远"，非但没有起到保护作用，反而对遗产造成更严重的破坏。

当谈到现代化时，李建宗认为，文化体系犹如一个容器，它的体积是固定的，新的文化的进入意味着部分旧文化的退出，所以文化变迁在一定程度上改变了少数民族传统文化结构。但同时，现代化也给所有的人带来了极大的便利。选择现代化，丢弃部分传统文化也成了人们有意无意的选择。

关于现代技术对非遗的影响，他认为，一方面，数字技术可以用来保存遗产，但是另一方面，数字技术也有可能让遗产的传承与发展"变味"。在遗产保护方面，他认为学者应该尽一份责任，但学者的影响力是有限的。

然而对李建宗个人来说，少数民族文化的研究经历影响了他的生活方式。正如他所说："现在每次去草原做调查，能喝上一碗牧民家的奶茶是很幸福的一件事。"

（作者为兰州大学新闻与传播学院本科生；指导教师张华为兰州大学新闻与传播学院教师）

刘福生：十二年如一日的守墓人

余丹　赵为德　冯璐　吴雅罕

化隆回族自治县革命烈士陵园位于巴燕镇东下村，1952年初建成，75位烈士长眠于此，其中无名烈士72名。1955年重建，培植松柏，修筑围墙，并委派专人管理。2018年7月22日，记者来到了化隆县烈士陵园，采访了陵园的第六位守墓人刘福生。

“我能守住烈士”

刘福生老爷爷今年已经76岁了，微胖的身材，皮肤黝黑，满脸的络腮胡茬依稀可见，头上戴着一顶小圆帽，走起路来身体微弓，但在谈到自己的守墓生涯时，依然十分激动。当被问及为什么来这里守墓时，他思考了一会后说：“这是光荣，我能守住烈士。”对于老人来说，守护烈士英灵是一份神圣的工作，谈到这里时老人眉毛上扬，能感受到他满满的自豪感。爷爷住在深山里，守墓之前靠的是种地过日子，后来在朋友的介绍下，来到了烈士陵园，开始了守墓的工作。一开始的工资每月只有三百块钱，但爷爷说工资低可以接受，只要能保证基本生活就行。

“我自己买祭品给烈士”

十月初一是我国传统的祭祀节日“寒衣节”，这一天，人们把冥衣焚化给祖先，叫作“送寒衣”。每年的农历十月初一、大年三十，汉族人一般都会给已逝亲人祭奠，但陵园里没人来。“我自己买祭品给烈士。”爷爷说因为除了有几位烈士后人清明节会来，其他的都没有人来看望。“康世彬的家人每年清明都会来这里烧纸。”刘福生老人告诉我们，康世彬烈士是化隆县支扎乡人，是在对越自卫反击战中牺牲的，他还有一个哥哥和两个弟弟，在他牺牲后，为照顾他的家庭，政府便给他弟弟安排了一份为政府部门开车的工作。去年，他的哥哥也去世了。每逢节日，爷爷就自己按照当地的风俗习惯给烈士祭奠。

“不寂寞，平平淡淡的”

爷爷已经在这守了十二年了，每天的工作是打扫陵园，给树浇水，照顾花草，十二年如一日。“没什么记忆深刻的事，不寂寞，平平淡淡的。”爷爷指着墙角的羽毛球拍，笑着说：“我一个人打羽毛球啊，就这样打。”一边用手比划着上下颠球，脸上的皱纹随着笑容聚到了一起，而此时的爷爷却开心得像个孩子。以前陵园的门口有个小广场，村民们都会来这聊家常。后来村里建了村民文化广场，陵园的门口就变得冷清了。每年烈士陵园比较重大的事应该是清明节扫墓了，这时民政局会派人来给爷爷帮忙。除了某些特殊的节日，平常陵园的大门都是关着的，在清明节那天，陵园所有的门都会打开，县委县政府组织机关干部、驻军武警部队、学校学生祭扫烈士，进行爱国主义教育。那天，是烈士陵园人最多的一天。

“把这里当成自己家了”

爷爷的老家，房子都很破旧了，来到烈士陵园守墓后，基本上没回过老家。陵园里的住房原来是一个土房，去年民政局拨款重新用水泥翻修过了，暖气也供上了，煤气费、电费都是由政府承担的。工资也慢慢变高，现在爷爷每个月工资已经有 1 500 了。“有政府照顾着，政策也变好了，就把这里当成自己家了。”爷爷和奶奶一块住在这，奶奶是县城的环卫工人，每天都要走上一个小时的路程到达县城。老人的一儿一女都已成家，儿子在亚什尕镇上工作，不忙的时候会带着孙子来看望他们。爷爷觉得在老家的生活其实和这里差不多，都很惬意、舒服。

爷爷家的客厅　　　　敬雯　摄

“直到我再也没力气打开陵园的那扇大门”

上一位守墓人去世后，爷爷来到了烈士陵园，成为第六位守墓人。爷爷说，第四位守墓人是一名退伍军人，过世后就埋在了这附近。第五位也在这个岗位上去世，老人刚来到这里时亲眼看到他的遗体从陵园抬出去。在这守墓，只要不想干了，随时都可以走，也没有退休一说。但爷爷却说：“在这守墓，干到死，直到我再也没力气打开陵园的那扇大门。”

（作者为兰州大学新闻与传播学院本科生；指导教师张华为兰州大学新闻与传播学院教师）

青藏高原上的“斜杠青年”

吕琳

如果你在夜晚住进西宁火车站附近“驴子”所在的青年旅店，也许会很难甘心早早入眠。“驴子”是这家青旅的夜间店员，总会在帮助客人办理入住手续的间隙手弹吉他、松弛唱歌。当然，更多的时候，他会和投宿旅店的年轻人交谈关于音乐或西部旅行的种种。有时他亢奋了，还会不厌其烦地讲述他自己的故事。粗略听下来，你会发现他其实是个不折不扣的“斜杠青年”。

“斜杠青年”指的是不满足于从事专一职业，而选择拥有多重职业和多元生活的青年人群。“斜杠”一词源于英文“slash”，在《纽约时报》专栏作家Marci Alboher撰写的《双重职业》一书中最早出现。在斜杠青年的自我介绍中，通常要用“/”这一符号对各种身份进行区隔，“斜杠青年”群体因此得名。如果用这种方式来定义“驴子”的身份，恐怕要动用夜间店员/摇滚鼓手/

给客人办理入住手续的“驴子”　　吕琳　摄

户外领队/创业者/国企技术员/支教老师/滑板爱好者，甚至更多的标签。

2017年10月，中国青年报社社会调查中心联合问卷网，对1988名18至35岁的青年进行了与“斜杠青年”群体相关的调查。结果显示52.3%的受访青年确认身边有“斜杠青年”，56.7%的受访青年认为“斜杠青年”可以高效利用时间，充实生活，13.5%的受访青年认为只有少数人才能成为“斜杠青年”。可以说，“斜杠”已经成为这个时代青年群体的一种重要文化现象。

听从于直觉的“斜杠”之路

成长于西宁的“驴子”其实出生于内蒙古，一家三口皆为蒙古族人，高中时期他随父母搬迁至西宁，从此便扎根在这片高原之上。2009年，“驴子”考入中南大学冶金工程专业，从此开启了自由生长的闸门。

“驴子”的性格中带有内蒙古人的自在和洒脱，对于自己的职业选择做过多种尝试。从大一开始，他便在大学所在的长沙市当上了净水器推销员，并在工作的第三周成为团队的推销冠军。大学时期，他还兼职做过外卖送餐员、快递代收商、酒吧驻唱，等等。

现在的“驴子”已经大学毕业5年。毕业后，他曾考取西宁某国企单位的技术岗位。短暂经历过国企朝九晚五的工作方式之后，“驴子”认为这样的生活并不适合自己的性格，他身体中的能量并不能得到充分发挥和释放。

于是，“驴子”并没有对这份别人眼中的铁饭碗过分不舍。不久，他辞去这份工作，把新的发展眼光投射到了青海的旅游行业。

青海省位于世界屋脊青藏高原的东北部，是中国青藏高原上的重要省份之一，自然和人文景观极为丰富。与此同时，青海省东迎甘肃，西揽西藏，拥有极大的旅游路线开拓空间。2018年6月8日，青海省旅游产业发展大会披露了有关青海省旅游产业的一组数字，其中显示，2017年青海省接待国内外游客达到3 484.1万人次，同比增长21.1%；旅游总收入达到381.53亿元，同比增长23%，带动12万农牧民从中受益，2万贫困人口通过旅游业实现脱贫。

正是发现了青海旅游行业中所藏的巨大宝藏，“驴子”跳槽加入了一家朋友经营的旅游开发公司，在公司中他既负责线路的开发，又以领队的身份带领游客出游。他尤其热爱徒步，因此作为领队带领游客徒步西域，既是他工作的一部分，又能为他带来真正的快乐。

除此之外，“驴子”同时还拥有另外一份职业。就像文章的开头所讲，在旅行社工作时间允许的情况下，他还是一家青年旅社的夜间店员。在每个悄然而至的西部黄昏，他从白天的工作辗转到这家青旅的前台，帮助南来北往的青年游客办理入住手续。假如他在白天没有累到力竭，他还会和爱好旅行和音乐的陌生朋友随意聊天。兴许，他还会端起吉他唱几首大家喜欢的歌谣——毕竟从大学时期起，他就曾经在城市的酒吧间走穴驻唱。

“‘斜杠青年’是一种要过上无边界人生的姿态和能力”

在由Susan Kuang专门描述“斜杠青年”这一群体的《斜杠青年》一书中，“斜杠青年”被认为不仅仅是多重收入、多重身份的人群，还是一种具备过上无边界人生的姿态和能力的人。该书的作者Susan Kuang本身就是一个对“斜杠”生活有着多重体验的人。从她研究生毕业后的第一份工作起，她便不断对自己的人生进行多种尝试。她举办过沙龙和个人画展，独立运营了个人自媒体，写过上百篇文章和四本个人杂志。在各项工作之余，她还坚持学习舞蹈。大学毕业几年后，Susan Kuang结束了正式的职场生涯，成为独立创业者。

就像这本书中写的那样，“斜杠”现象的增多说明越来越多的人用爱好和业余生活相关的身份，而不仅仅是职业定位定义自己。工作或职业只能告诉别人你是做什么的，靠什么维持生计；工作以外的身份才能体现出你是谁，喜欢什么，有什么特别之处。

和《斜杠青年》一书的作者Susan Kuang的经历相似，“驴子”不仅在工作领域做过很多尝试，也在工作之外不断对生活进行探索。“驴子”喜欢音乐和旅行，便努力用这些元素点缀自己的工作。他还曾花几个月去贫困村中的小学支教，在教孩子们知识的同时与他们一起玩耍。他说他最喜欢的师生关系应该是平等相待的，在课堂之余是应该有倾听和交流的。他还十分喜欢玩滑板，曾经不遗余力地学习滑板的要领和动作，为此不惜弄伤自己——在他心中，既然选择去做一件事情，就一定会倾注自己最大的努力。

《斜杠青年》一书中还写道：斜杠青年代表的是一种全新的价值观，其核心目的在于追求完整的自己。一直以来，“驴子”是这样想的，也是以这样的姿态创造生活的。“很可能再过一段时间，我也会自己做些创业的项目。”体验过许多的职业之后，“驴子”这样规划他以后的生活。

（作者为兰州大学新闻与传播学院研究生；指导教师张华为兰州大学新闻与传播学院教师）

日月山:高原上的璀璨明珠

赵为德

她站在峰顶，迎面的微风撩乱了她梳得整齐的发梢，绯红的脸颊泛起阵阵红晕，深邃的眼眸翘首东望，发出思念的光。

关于日月山有一个美丽的传说。浩浩荡荡的送亲队伍驻足在日月山口，山间牛羊如云，旌旗在呼啸的冷风中招展。文成公主回首东望，故都长安的种种景象历历在目，思念之情油然而生。公主百感交集，拿出临行时皇后赐予的“日月宝镜”，想到自己远嫁和亲的重任，毅然将宝镜抛下山。宝镜摔成两半，摔在东的是日镜，摔在西的是月镜，形成了今天的日月山。

日月山位于现在的青海省湟源县西南40公里，在青海湖东侧，是祁连山脉的一个分支，山口海拔在3 500米以上。日月山自古以来就是连接中原和西域的重要隘口，有“丝绸南路”的美誉，曾是会盟、和亲、战争等诸多历史的见证者，文成公主入藏便是其中一个脍炙人口的故事。日月山原名赤岭，因远望高山“土石皆赤，赤地无毛”而得名，后人为纪念公主远嫁西藏和亲，改名日月山，为这塞北边疆赋予了凝重的“阳关情结”，成为告别中原的苍凉之地。

除了关于文成公主的美丽传说外，日月山还是古代商贸互市的繁盛之地。山脉位于农牧区交接地带，来自内地的大量丝绸、茶叶被交易至牧区，青海等地的马牛交换到中原。唐肃宗以后开启了“茶马互市”，有力促进了当地商贸往来。明后期至清初，互市地点增多，中原、牧区商客云集，络绎不绝，在道光、嘉庆之际尤盛。汉藏之间交易愈加频繁，交易规模愈加广泛，沿线的民间交易也日益昌盛。由此日月山下的湟源城逐渐成为当地重要的商贸集散地，对促进沿线经济发展和推动文明开化具有重要意义。沿着盘山公路缓慢行驶，苍茫的气息浸润着脚下的土地，沿路停满了密集的车辆。此时正值旅游旺季，游人摩肩接踵，来自全国各地的游客与当地牧民亲切攀谈，辽阔无垠的草原，绘就了一幅民族和睦的画卷。旅游业的发展给当地牧民带来了一笔可观的收入，牧民自己饲养牛羊，利用牦牛供游客骑行拍照获取收入，同时家里也会自制酸奶和牦牛肉干，售卖给游客。

日月山不仅承载着恢宏的历史文化，而且具有非常重要的地理意义。它自古以来便是内地赴西域的咽喉要道，是历代中原王朝辖区的前哨和屏障。魏晋南北朝后，中原动乱，河西割据，丝绸之路阻塞不通，由此开辟了丝绸南路，即经日月山、青海湖，过柴达木盆地，通向西域。而今日月山位于我国外流区域和内流区域、季风区和非季风区的分界线上，同时划分了农耕文明和游牧文明，也是青藏高原和黄土高原的分水岭，东为横断山脉，南、西为喜马拉雅山脉，北为昆仑山脉。山脉东侧是农业区，居民躬耕农田，出入阡陌；山脉西侧是放牧区，一望无际的草场滋养着成千上万的牲畜，草原上云淡风轻，牛羊成群。历史在这座平凡的山上刻下了道道岁月的印痕，时过境迁，起伏的山峦依旧具备重要的战略地位。

今天的日月山上建有两个亭子，分别叫作日亭和月亭。两亭矗立在日月山口，亭内经幡飘扬，碑文和壁画记录了文成公主进藏时的宏大场面。山上是当地人堆砌的“玛尼堆”（也被称为“神堆”，有阻秽辟邪之意），在藏传佛教中，人们把石头视为有灵性、有生命的东西。山下是文成公主庙，而今游人如织，往来商客熙熙攘攘，接受来自各族人民的礼赞和朝拜。

目光流放在苍茫的高原之上，所及之处牛羊怡然自得，浩瀚的苍穹，湛蓝如洗。历史的年轮不断滚动，在时光的一瞬驻足，掀开尘封的记忆，牛羊浅吟低唱，经幡恣意飘扬，那浩荡的队伍带着家国重任远赴西域，给边疆带来和平安宁，留给后人传唱的经典，谱就了一曲动人的赞歌。

（作者为兰州大学新闻与传播学院本科生；指导教师张华为兰州大学新闻与传播学院教师）

受“精准扶贫”政策润泽的高原村庄

——探访青海省湟源县大华镇后庄村纪实

吕琳　赖聪

清晨乘客车从西宁市向湟源县出发，所经之处多有颠簸，窗外山势愈发陡峭。再转乘至一辆城市中20世纪90年代时兴的公共汽车，一行人随小车一路摇摇晃晃，终于在午后到达了这次探访的目的地——青海省湟源县大华镇后庄村。

后庄村所在的湟源县地处青海省东部湟水谷地及西南侧沟谷地、山地，四面环山，海拔平均三千余米，涵盖了荒漠草原、干草原、草甸草原和森林等各种景观类型。这里气候复杂多变，仅我们进行采访的两个多钟头，村中就历经了两次艳阳和雨水的切换。

浅脑山地区的贫困村*

青海省东部的浅脑山地区，地势高、交通不便，是农村贫困人口集中分布的地区。后庄村正是处于这一地区，村民经济收入主要依靠高原农作物种植和畜牧业。全村现有农户182户，村民692人。村中1 868.4亩耕地皆为山旱地，人均耕地面积不足3亩。

受自然条件约束，这里农作物生产结构单一，农作物产量和价格均处

*本文作者采访写作时是2018年，当时后庄村还是贫困村，现已脱贫。

于较低水平。由于其商品化程度也十分有限，因此仍基本处于自然经济状态。虽然这里的村民大多有家畜、家禽养殖的传统，但由于缺乏资金、技术及创业意识，目前对家畜的养殖尚未形成规模，难以形成可观的经济收入。受制于山区可用土地资源有限的问题，村中集体经济的发展也受到了限制。

近年来，随着城市对劳动力需求的增大，村中一部分精壮中青年劳动力转移至城中就业，而仍栖身于后庄村的很大一部分村民依旧面临经济条件难以有效改善的问题。

贫困的问题在另一部分农户身上体现得尤为严重。有些农户由于缺少或失去了有效劳动力，因此难以靠劳动获得收入。还有更为棘手的情况，一些村民由疾病、事故、灾难致贫、返贫的同时，还承受着身体和精神上的困扰，不仅难以获得收入，还要解决支出上的较大资金缺口。这部分村民一时很难通过自身改善现状，甚至不能避免困难的进一步加剧。

受“精准扶贫”润泽的后庄村

据了解，我国的扶贫工作开始于20世纪80年代中期。近30年来，虽然已经取得了不小的实际效果，但仍有不少像后庄村这样因区位、环境等因素陷于顽固贫困之中的村落。针对粗放扶贫针对性不强、扶贫资金和项目指向不精准的问题，党和国家领导人逐渐探索出了“精准扶贫”这种更为科学的扶贫方法。

2013年11月，国家主席习近平到湖南湘西考察时首次做出了“实事求是、因地制宜、分类指导、精准扶贫”的重要指示。2015年12月15日，中央提出扶贫工作要做到扶贫对象精准、措施到户要精准、项目安排精准、资金使用精准、因村派人（第一书记）精准、脱贫成效精准。

巨克平和李韬向大家介绍村中扶贫工作　　余丹　摄

在精准扶贫政策的引导之下，2016年起，后庄村成为青海省工商局的精准帮扶对象。在确立帮扶关系至今的两年间，省工商局通过争取政府、工商局系统内部、社会捐赠等渠道为后庄村筹措资金百余万元。与此同时，省工商局还在细微之处关心村民们的生活，他们不仅为后庄村民们积极联系协调平价化肥，还在2018年冬季为全村70岁以上老人和10户精准户联系棉衣、棉鞋。为了将后庄村的扶贫工作落到实处，青海省工商局的驻村第一书记巨克平和省工商局驻村干部李韬两位同志与村民同吃同住，每周仅回一次位于西宁的家。

接受了两年精准扶贫的后庄村，现在可以说已是旧貌换了新颜。沿修缮一新的水泥路，两旁的农舍规划整洁。在去年建成的健身设施场所，总有悠闲的村民来这里锻炼或聊天。在新搭建的戏台上和新修建的广场上，后庄村的村民曾多次开展歌舞类或旗袍走秀类文艺演出。伴随着美丽乡村建设工作的推进，村里的路灯、道路、排水管道等设施的状况得到了明显改善。今年5月，青海省工商局还有偿动员后庄村内老弱妇孺等闲置劳动力，将免费筹措来的4 100株云杉、圆柏、榆叶梅种植在村内道路两旁、广场周边、闲置空地及村民房前屋后。既美化了村容村貌，又为村民增加收入创造了机会。

据青海省工商局驻后庄村第一书记巨克平介绍，目前对于后庄村的帮扶工作有多个项目正在进行中。“省工商局联系了爱心企业捐资10万元，大概在今年年底之前就能为后庄村修缮好新的村大门。”巨克平告诉大家。

养殖产业助力脱贫

产业扶贫是后庄村扶贫的一项重要举措，如今，养鸡、养羊、养牦牛成为村民创收的重要途径。厚生生态养鸡场的马宝元是村里的“致富能人”，因为种地收入少，2016年他开始了他的养鸡事业。在省工商局和有关部门的资金支持下，资金不足的马宝元逐渐修建起了厂房。凭着各级政府政策、资金、技术的支持，厚生生态养鸡场开了起来，成为附近七个村子里唯一一个养鸡场。

“没有政府的资金支持以及青海省工商局的对口援助，一个人是闯不出来的。”马宝元说。第一年因为缺乏技术和经验，他赔了三四万。但到2017年，他学“活”了，请了个技术员专门负责打疫苗和鸡场卫生，因此赚了四五万元。来自帮扶单位青海省工商局的驻村干部也为这个养鸡场的发展积极出谋划策，省工商局驻后庄村干部李韬说：“2017年政府也在大力帮忙联系单位、食堂进行推销，解决鸡卖不出去的问题。”

得益于各方的帮助，3年间，马宝元的养鸡场规模从500只肉鸡扩大到3 000只肉鸡、5 000只鸡苗。他的养鸡场里的员工，不仅包括他们夫妻俩，还有一个技术员，一个帮工。他们四个人将这个山村里的“养鸡产业”打理得有声有色。

养鸡场不仅提高了马宝元的收入，促进了后庄村养殖产业的发展，而且为带动村中贫困户脱贫致富提供了新路径。2016年，青海省工商局30个党员每人捐款500至1 500元不等，又动员社会捐款，合力为村里十户贫困户投资入股了马宝元的养鸡场。待养鸡场盈利之后，这些贫困户便可以享受分红。马宝元对大家说：“贷的款今年差不多就还清了，预计明年会开始分红。”

除了马宝元的养鸡场，后庄村中养牦牛、养羊的规模也慢慢发展起来。越来越多的村民将目光投向养殖业，通过规模养殖来探寻脱贫致富的新路径。

（作者吕琳为兰州大学新闻与传播学院研究生，赖聪为兰州大学新闻与传播学院本科生；指导教师张华为兰州大学新闻与传播学院教师）

西北角撒下的红色火种

敬雯

2018年7月22日下午，兰州大学新闻与传播学院“重走西北角”青海线成员到达青海省循化撒拉族自治县查汗都斯乡红光村，该村支部书记、全国人大代表马乙四夫向我们详细介绍了该村的历史和红色遗迹。

“没有西路军，就没有红光村”

红光村原名赞布呼村，为缅怀西路军烈士，1987年更名为红光村，取“红军精神光照千秋”之意。

马书记在清真寺旁的纪念馆内为同学们讲解　　敬雯　摄

1939年，青海军阀马步芳将在河西走廊被俘的四百多名红西路军战士经西宁押解到赞布呼村，这些战士大部分为四川人，年龄最小的仅有十三岁，最大的也不过二十二岁。红军战士们被组织成一个“工兵营”，在这里服役长达七年时间。

七年里，他们在极端恶劣的条件下，开发出一千七百多亩土地，修建了六十个农家院，一座清真寺，一所学校，以及公路、油坊、水磨、土砖窑房等，还在公伯峡大峡谷的悬崖峭壁上开凿水渠。

马乙四夫介绍道，当地方圆五公里内都是沙滩地和荒地，被俘的战士们花费三年到四年的时间，才把基础设施搞好。马家军又将化隆县、民和县贫困人家的青壮年调来烧制砖头，和被俘的红军一起种植土地。

被俘的战士们每天到五公里外的大庄村的小砖窑厂烧制青砖青瓦。他们将柳树、榆树条编成背篼，前后各背一个，运送砖瓦。“不论三伏三九天，他们都是光着脚干活，脚面流完脓，结着一层厚厚的血痂。”马乙四夫感慨道：“老百姓们看不下去，往他们的背篼里偷偷塞玉米、穿旧的羊毛毡鞋。一开始他们不敢要，慢慢地就都收着了。”

尽管条件如此艰苦，他们还是冒着生命危险，在营长刘连福的指挥下，巧妙地把五角星、镰刀、小锤符号以及象征工农红军的“工”字图案镂空后烧制到砖瓦上。

马乙四夫说道：“他们对党的忠诚，对革命事业的必胜信念包含在村里的每一座建筑中。”村中修建的六十个农家院和撒拉族建筑风格不同，一般的撒拉族房屋建的都是北房，而红光村则全部为西房，象征“西路军”。红光上村的街道分两排，每排九户人家，寓意“红九军”。从山顶俯瞰，整个村庄为“工”字格局排列，寓意“工农红军”。红光下村共三十户人家，街道分五排，寓意“红三十军”和“红五军”。院落的大门也不是门对门开，都是以南朝北开，寓意“北上抗日”。清真寺唤礼楼的楼顶也不是传统的六角或八角，而是四角形，象征红四方面军。

“一定要用心去感恩”

红军纪念馆于1987年修建，是全国唯一在清真寺旁建设的民间纪念馆。

“没有红西路军，就没有红光村。”马书记激动地说，“我们红光村所有的精神财富都是红军战士给我们留下来的。我们种的地是红军开发的，孩子们上学的学校是红军修建的，我们住的村庄家园是红军修建的，连我们做礼拜的清真寺都是红军修建的。”

2009年4月11日，民间集资修建的纪念馆落成。“清真寺旁本来是不让挂人像的，阿訇就在礼拜五那天在公开场合演讲说，曾经给过我们帮助的人，不分他是什么民族，一定要用心去感恩，最后我们就修了这个纪念馆。”

撒拉族的村民和红军结下鱼水之情。“尤其是九十岁以上的阿爷阿奶们，他们跟我们红军战士一块生活过、经历过，感情特别深，几块钱几毛钱都捐过来。”

“青海省唯一一所由红军修建的学校”

红军小学原名“古什群小学”，1987年，青海省人民政府为纪念红军功绩，更名为红军小学。“我们村的红军小学是青海省唯一一所由红军修建的学校，是一座四合院式的建筑。当年红军战士在院子里种的杏树现在还在。”马书记介绍说，“当地的老人们念念不忘红军恩情，时常回忆他们当年上学的情景。我小学也是在这个学校念的。因当年保护意识不强，1993年成了危旧房，只好将四合院拆了，重建的学校到前几年又成了危房。2012年，在兰州军区海东军分区和当地政府的帮助下，建成今天的新学校，照原样修复了学校大门。”

红军小学旁建有红色文化广场，56个展板组成红色长廊，展板上是战士们在河西走廊战斗、红光村服役时的图文解释。2014年，该广场被列为民族团结进步广场。

后　记

村里的最后一位老红军邵明先同志于2016年在白庄乡去世。

在问到西路军的红色歌谣时，马书记笑着说：“歌谣没有流传下来。但是之前村里有位老人在看了我们的演出以后才恍然大悟地说，‘当年被俘的文工团士兵在节假日演出舞蹈，演员们一边拿小镰刀，一边拿斧头，从台两侧跑到舞台中央交叉合并，演出的开始和结束都是这个造型。马家军的士兵们是文盲，不知道是党徽标志，看到表演都笑着鼓掌叫好。’”

据马书记介绍，现在的红光村越来越好了，在党中央精准扶贫的政策下，很多人家都有了小汽车，小学生都配有营养餐。2018年7月1日前后，红光村红色旅游遗迹一天接待五六千人。

（作者为兰州大学新闻与传播学院本科生；指导教师张华为兰州大学新闻与传播学院教师）

信仰的力量

——西路红军在红光村

赖聪　吕琳

2018年7月22日，兰州大学新闻学子“重走西北角”暑期实践队驱车从西宁出发，经过化隆回族自治县，于下午两点到达循化撒拉族自治县红光村，来到这里参观。

红光村原名赞布呼村，1987年，更名为红光村，意为“红军精神光照千秋”。村子位于循化县城以西23公里的积石山下，黄河岸边。山脚下的黄河河道弯曲，碎石密布，水流湍急，因前几天刚下过雨，河水浑黄。进入红光村，要经过一座桥，桥的对面是公伯峡大坝。公伯峡这个古老的峡谷，又名古什群峡，因黄河上游南岸悬崖处建有一座“拱北”而得名。1939年，被西北军阀马步芳俘虏的400多名红西路军战士从这里进入荒凉的赞布呼村服苦役，开垦荒地、修建巨型水车、住宅围墙、学校、水磨、油坊和清真寺，还用木漕将黄河水从公伯峡大坝引到赞布呼村。到1946年，赞布呼村的基础设施基本完善。

70多年后，这个由西路军战士建立的村子是另一番景象。公路宽敞，砖式平房整齐划一。路上行人不多，偶尔看见一两个等公交车的撒拉族人。沿着一座木质桥前往西路军纪念馆，每两个桥桩之间就有一个大大的镂空的红色五角星。前两天循化刚刚下过大雨，大雨过后，桥对岸的河堤损坏了一部分，木质桥所在的一整条河堤却完好无损。桥旁边就是一座广场，一个红旗雕塑位于广场中央，底座刻有“红军精神，代代传承”八个字。

红光清真寺曾名赞布呼清真寺，是全国唯一一座由红军修建的清真寺。清真寺由大门、唤礼楼、南北配房、大殿组成，寺内随处可以看见西路红军的留下的印记。传统的清真寺一般是六角或八角建筑，但眼前的这座清真寺是中式风格的四角建筑。“四”代表红四方面军，四根一通到顶的通天柱，表达着红军抗战到底的坚定决心。借助相机放大寺顶的砖瓦，可以看见雕刻其上的斧子、镰刀和“工”字。在烧制这些砖瓦时，西路红军巧妙地将党徽、工农红军的元素融入清真寺的花砖和墙壁上。虽然遭到敌人的严密监视，但他们坚信“红军一定会胜利，革命一定会成功”，将信仰和忠诚融入一砖一瓦，一草一木。这些元素如今也成为红光村的造型元素，在栏杆、桌子的拉杆、凳子的靠背上随处可见。

清真寺旁边是2009年修建的西路军纪念馆，清真寺本不允许供奉人像，但阿訇在一次礼拜五进行的公开演讲时说：“无论是什么民族，我们都要以感恩的心去对待帮助过我们的人。”于是这座纪念馆里有了幸存的西路红军战士纪念画像。红军战士为撒拉族人建设家园，撒拉族人为红军提供支援。以战俘身份生活在循化的西路红军战士，缺衣少食，一年四季光着脚在布满黑刺的荒山野岭服苦役，撒拉族群众偶尔给来村里赶集的小战士偷偷塞玉米、土豆和穿旧了的羊毛毡鞋，中华人民共和国成立后又将他们招为女婿，认作干儿子、干女儿。撒拉族人和红军战士在那个不安的年代里相互扶持，共渡难关。

清真寺西边是一座红军小学，位于村子主路旁边。“西路军红军小学”几个红色的大字嵌在土色砖墙上，全国红军小学有两百多所，命名的小学有四十多所，但以西路红军命名的只有这一座。7月份，学校早已放假，木质校门紧锁着。我们眼前看到的学校，已经不是当年那座由红西路军战士设计、取材、施工、修建的小学，而是后来由兰州军区出资重新修缮的综合教学楼。虽然学校的外形变了，但红军精神永远流传。

小学外景　　敬雯　摄

红光村红色广场位于整个村子的中心，广场上的文化长廊展板中讲述着整个村庄与红西路军的故事。红光村党支部书记马乙四夫告诉我们，广场在2014年被列为全国民族团结广场，意为八十多年前红军在这里播下了民族团结的种子，至今仍在这里生根发芽、开花结果，仍在传承民族团结的精神。

沿着村道往村口走，路边是一座座新建的砖式平房，和水泥、挑砖建房子的撒拉族人忙得火热。一辆泥沙搅拌车停在刚刚修建起来的楼房旁边，三四个男人在铺地、垒砖。八十多年前，西路军战士也在这片土地上建学校、开油坊；今天，撒拉族人在同一片土地上建设家园、生儿育女，讲述民族团结、军民一家的红色故事。

（作者为兰州大学新闻与传播学院本科生；指导教师张华为兰州大学新闻与传播学院教师）

一个时髦的喇嘛

郭琪琪　敬雯　吴雅罕

“我要下山去看电影了。”

“是看《我不是药神》吗?”

“那个早就看过了。”

走出塔尔寺管理委员会大门时，谢热见措匆忙和我们告别，登上越野车向西宁市驶去。

塔尔寺管理委员会办公地点　　郭琪琪　摄

海拔 2 678 米，雪域高原和黄土高原的交界处，这里是安多地区的佛法中心——塔尔寺。

见措是塔尔寺的一位喇嘛，在塔尔寺管理委员会担任秘书。1989 年出生的他在十四岁初中毕业后就从老家青海贵德县来到了塔尔寺，信仰是他出家的唯一理由。

虔诚的灵魂

信仰和艺术是永不过时的，这融入了见措的灵魂中。

见措称自己为“想要‘抢救’艺术三绝的小喇嘛”——精美的酥油花、绚丽的壁画和生动的立体堆绣是塔尔寺三绝。

酥油花是开在这崇山峻岭间的一种奇异绚丽的花朵。与一般花朵不同，它是用酥油制作的一种特殊雕塑艺术，在寒冷的冬季僧人们用它来供奉佛像以此弥补没有鲜花的不足。2006年酥油花被列入第一批国家级非物质文化遗产名录，后远赴巴黎、柏林等地进行展出。

见措就是一位酥油花的制作人，29岁的他已经做了七八年酥油花了。

做酥油花的喇嘛都是经过精心挑选的。谢热见措的名字在藏语中意味着“智慧的大海”，因为他对制作酥油花有着天生的聪慧，和对宗教艺术的虔诚，在经过一年的“试用期”后见措被选拔成为酥油花的制作人。每年的农历十月二十五至次年的正月十五，见措就与其他24位喇嘛一起集中制作酥油花，为正月十五下午的展出和寺里的比赛做准备。

信仰是见措制作酥油花的精神支撑。在零下20摄氏度的严寒天气里，见措必须每天把双手放在冰水之中降温30多次，才能保证酥油花不因双手的温度太高而融化。由于工作过程中手的温度一直保持在零下，所以停工吃饭时，他“连筷子都拿不动了”，“半个小时后才能恢复正常”。长期这样的工作，难免会落下关节的疾病，“老了以后指头就会肿起来”。但明明知道会有这样的后果，见措依然觉得做酥油花是自己的骄傲。“我们信仰藏传佛教，有了这个信仰就会一直做下去，信仰这个无法表达。”他收起了脸上的笑容，严肃地说。

艺术也是见措表达自己虔诚信仰的载体。“一花一世界，一树一菩提。”一碗冰水，一块木板，一根木棍，仅凭一双手便塑造出一个个精美绝伦的塑像，反复摆弄、拿捏得似乎不仅仅是手中的物件，更是人生百味。于芬芳间，与心中的佛祖进行一场无声的对话，这又何尝不是一种修行?

“酥油花对你来说意味着什么?”我们问出了最后一个问题。他腼腆地笑了笑，低头沉思了一会儿，缓缓说道：“一方面是佛，另一方面是艺术。”正如他所说，酥油花是会说话的花儿，讲述着藏传佛教世界里的五彩缤纷，讲述着历史，讲述着向往。

时髦的生活

“跟你们一样，现在什么都有了。”见措拿着两部手机，一部工作用，一部生活用，采访时两部手机也都来过电话，铃声分别是佛教的歌曲和时尚的铃声，他也分别用汉语和藏语与来电者交流。

除了讲一口流利的普通话外，见措还写得一手好字，他在我们的采访本上工整地写下了自己的汉语名字，我们惊讶于他的汉语水平，他却淡定地说：“现在这个时代需要学习汉语，我们就学了。”

见措腕上戴着名表，脚上穿着知名品牌运动鞋，如果脱下红色僧服，和都市的时尚青年没什么两样。

他很喜欢看电影，因为电影里“有好多现在生活所需要的，也有佛教的内容”。他还喜欢喝茶，认为“喝茶会让自己的心静下来”。

见措还经常“在路上”。在微信朋友圈里，他常常“晒”自己在众多佛教圣地朝拜的照片，四川乐山、山西释迦塔、临夏炳灵寺……

“我的朋友也很多的。”他有很多在西宁市里工作的朋友，通过“朋友拉朋友，最后都成了朋友”。

采访结束的时候，他还拿出一摞关于酥油花的画册送给我们，并与我们互相加了微信，热情地告诉我们，有什么问题还可以问他。合影之后，他匆匆离开，因为他的朋友们在西宁等着他去看电影。

（作者为兰州大学新闻与传播学院本科生；指导教师张华为兰州大学新闻与传播学院教师）

在路上

周葛霖柑

有些事情要早做，有些事现在不做，以后就不会再做了。就像杰克·凯鲁亚克说过："我还年轻，我渴望上路。"

> 该到外面去了，该到外面去了
> 该到你外面的世界里了
>
> ——Step out

香烟被叼在嘴里，汽车高速地行驶着，几缕烟飞快地逃到窗外，司机老高时不时还加速超过前面几辆慢吞吞的车。他载着我们，奔驰在公路上，柏油黑亮，笔直通天，真有一种西部的辽阔感，似乎来到了美国66号的公路上。我朝前够了一下，问老高知不知道美国的66号公路，

老高开车奔驰在青海环湖路上　　周葛霖柑　摄

我觉得他离一个嬉皮士只差一顶牛仔帽的距离。老高说："这条路比66号公路更美。"是的，这条路叫青藏公路，叫国道109。

国道109号公路，它见证了中华民族一路走来的艰难历程，它就像一条飘带连接起北京和拉萨，青海人更愿意叫它青藏公路。公路是文明的延伸，青藏公路的文明可以延伸到唐蕃古道上，文成公主入藏和亲时，也曾走过这条路。

到了工业化时代，新车走老路是行不通了，迫切地需要真正的公路，不是那种窄到"下坡的得给上坡的让路"，那种通行靠吼的老土路。1949年青海解放后修通了兰州到西宁的公路，几十年间只开了个缝的青海东大门，终于成了真正意义上的门户通道了。但进入西藏还没有一条公路，把物资运到拉萨简直比"蜀道难"还要难。1953年拉萨的物价高得惊人，一个银圆等于八斤牛粪，八个银圆等于一斤盐，一斤银子等于一斤面。运一次粮到拉萨要动用27 000匹骆驼，一次下来要死4 000多匹，全国总共20多万匹骆驼。

1954年，慕忠生将军见到了刚从朝鲜战场回来的彭老总，他已经跑了多个部门请求批准修建青藏公路，但都被拒绝了。最终在彭老总的支持下，慕忠生带上10名工兵，10辆卡车，1 200多名筑路工，开拔格尔木，誓要打通到拉萨的公路。1954年12月15日，慕忠生坐着吉普车进了拉萨市，这也是拉萨市民见到的第一辆汽车。从格尔木修到拉萨前后一共用了7个月零四天。

格尔木，作为青海第二大的城市，如果没有这条公路，就没有这座城市。格尔木最初只是一个没有确切方位的地名。有的只是枯草和戈壁滩。当有人问慕忠生，格尔木在哪里？他回答说，格尔木就在脚下。当时扎下6顶帐篷和防狼的围墙，这些就成了格尔木最早的城市建设。1994年，"筑路将军"慕忠生逝世，按照他的意愿，骨灰撒在了昆仑山口。

我还在向前滚动，迷失在高速路上
我曾经只是一个不到二十的小男孩罢了
谈不上好坏，就跟你一样是个小孩
然而现在我迷失了，做祈祷未免太晚了

——Lost Highway

1999年老高还是小高的时候，第一次开车上青藏公路。他最多的时候一年要在这条公路上跑二十多次，如今他每年最少还要跑上两趟。

1999年10月小高开车进入藏区送货，经历了最危险的一次围困。卸完货空车出来，路上碰到了一辆运送物资的军车坏了，小高接下了继续运输物资到边境哨所的活。正是西藏的秋天，气候干燥，白天日头高照，晚上也不太冷，可以算是西藏脾气最温和的时候了。小高的目的地是阿里地区中印边境的某个哨所，路上要经过大段大段的无人区，有的时候一天在路上碰到的车用一只手都可以数得过来。在这种地方最怕就是车坏了，因为你根本不可能靠脚走出这个地方。

离目的地越近，四周就越荒凉，司机心中的弦也绷得越紧。刚跑青藏线不久，就接到这么远的活，小高很想把这次活顺利完成。他还记得两年多前自己已经十六岁大了，读书已经不能满足他对世界的好奇了，他想要闯荡世界。那时，农民选择做一个司机是一种荣耀，能有自己的车是所有小伙子的梦想，能靠开车养活自己那简直就是世上最好的职业。正赶上家乡公伯峡水电站要修路，工程队招收司机。他多么想当一个司机，于是父亲出钱买了一台车，小高开着自己的车为工程队拉起货。当小高开着蓝色的东风牌翻斗车回到家门口时，那一刻他就是公路之王，从此天下公路任君驰骋。“觉得自己很酷”，多年后老高依然记得那天的感觉，回味时还不忘咂咂嘴。

两年多的时间，公路已经把小高磨炼成一个老司机了，车子出了什么毛病比自己身上的毛病还要清楚。最令人担心的事情还是发生了，汽车突然就坏掉了，变速箱齿轮坏了。那个年代还不可能随手就掏出一个手机打电话求助，就算能变出一个手机，也没有信号。唯一的办法就是等待，等待经过的车辆，等待好人。一天大概有三四台车会经过，老司机们大都愿意帮忙，因为保不定哪一天就轮到自己的车坏在路上了。老远看到有车靠在路边，司机们就慢慢减速，等走近了问一声：“怎么了?”

这个时候小高就要说明自己的车坏了，递上自己写好的纸条，纸条上写着自己车队的电话，自己车大致在什么地方，大概是什么地方毛病，嘱咐对方带到有信号的地方，打个电话让车队派人过来修理。等待之余就是打发大把时间，看着远处雪山山顶终年不化的雪，反射着刺眼的阳光。白天就靠抽烟和睡觉打发时间，到了晚上睡不着的时候就看天上的星星，不知道要胡思乱想什么才好，渴了就跑到公路旁边的山上找泉水，靠着车上仅存的几袋方便面充饥。小高等待了六天五夜，终于等来了修理的人。静止的公路给他上了一堂生存课。

没有我的存在，希望你不会寂寞

——Society

在国道109上行驶着，小高也长大成了老高，要成家立业了。2006年老高跟谈了六年的女友分了手后，来了一次闪婚，和妻子从见面到领证中间只有三天。我问老高为什么要这么着急？“我想要稳定。”老高几乎是脱口而出。

我们中午吃饭在老高家所在的镇上。点餐的时候老高的儿子就跑上来找爸爸，围在老高的腿边躲来躲去，不让老高抱，见到外人就躲开。老高说，这是在跟他闹情绪呢，好不容易五年级结束，迎来了长长的暑假，但他都没时间陪他玩。孩子的裤包鼓囊囊的，里面装着一部苹果手机。说起儿子最近迷上了“英雄联盟”，老高有些无奈。老高也知道沉迷游戏的危害，但是孩子在家待着玩玩手机比去河边山沟沟里三五成群玩要要安全多了。老高给我念了他写在朋友圈里的一首诗，“生活骗了我当司机……司机这行业，干久了/爹妈认为你不孝/总是忙……早出晚归/未婚的以为你有问题/已婚的以为你有外遇……其实我们只是/努力让生活更美好……只要马达一声响，全身零件都上岗……”老高也想过换一份稳定的工作，能多一些和家人在一起的时间，但现在还不是时候。老高说：“趁着年轻，多赚一点。”就像66号公路是闪电麦昆的舞台，老高的舞台是青藏公路，他还要继续驰骋下去。

当欲望多过需要
当索取多过需要
你会贪得无厌
你的思想开始滴血

——Society

福特商务车在青海湖边的环湖公路上行驶着，老高时不时加速超过几辆前面的汽车，然后继续一路驰骋。看着窗外牧民的土地上还有一些其他的建筑，老高跟我们说起了政府最近已经下令要拆除青海湖周边的违章建筑，语气中有一股解气。

2015年10月8日《新京报》的报道《青海湖之殇，环卫工人劝阻扔垃圾常挨骂》曝光了青海湖生态环境遭到人为破坏的问题，引起了公众的关注。同年10月10日，青海湖所在的共和县委县政府对环青海湖地区环境卫生进行全面治理。2016年青海省政府对《关于环青海湖景区共和沿线私搭乱建》督查报告做出的批示，共和县政府于是继续开展环青海湖景区共和沿线违规用地和违章建筑整治行动。并且从2017年8月29日起青海湖景区保护利用管理局关停位于青海湖国家级自然保护区的鸟岛景区和沙岛景区，景区至今尚未开放。

一路上老高跟我说，他希望我能看见的风光，他的后代将来也能看见。我们坐在青海湖边聊天，谈到以前青海湖过度开发导致生态退化时，老高有点愤怒："怕我孙子看不到这样的风景。"接着他又补充了一句："但有时候也为了生存不得不破坏一点环境。"说着看向正在海边揽客的藏民小伙子们。他们穿着不合身的牛仔裤，牵着马走到湖边招揽客人。这些年轻小伙子们靠着旅游旺季借马给游客照相赚一点外快，平时就靠种地和国家政策补助。由于最近几年旅游业起来了，这些小伙子才会说一口生硬汉话。出去打工对他们来说也不现实，他们的身体适应了青海较寒冷的气温，出了青海就热得受不了，青海本省又没有太多的人力资源需求，这些小伙子的出路就像山上的云雾飘忽不定。那正是油菜花开得正旺的时候，眼前的山顶由于晚上刚下过雨，云雾缭绕，绿草冒遍了满山，身后的青海湖的蓝由浅及深，层次分明。

公路给了老高一份工作，也给他一个精神出走的机会。如今他已经走遍全国，走向世界，出走归来的是精神境界的成长。小时候农村生活没有教给他什么是环保，也不懂得怎么去做环保。多年在外行走的经历教会了老高环保的概念。看到那些已经被破坏殆尽的地方时，他变得更珍惜青海的自然。他给青海的评价是"中国的后花园"。"简简单单就好。"这是老高对青海旅游环境的期望，"牧民不放羊，渔民不打鱼，就像你作者没有笔一样"。随着青海旅游业不断发展，老高担心以后还能不能见到这样纯朴的民风民俗。

老高的车上放着一个垃圾桶，供乘客们放自己的垃圾。老高自己开车到外面，不管那个地方已经有多乱，如果没有垃圾桶，都会把自己的垃圾带上车。老高说："我希望我的乘客也能这么做。"在家里，地上如果有了纸屑，自己喊一声儿子的名字，再给儿子一个眼神，不用再多说，儿子就会去捡起地上的纸屑。

2015年老高进入了旅游运输业，成为青海旅游从业大军中的一员。老高向我传授他今天早上在纪念馆受到的启发：这些美丽的自然风光就像是他的衣食父母，他有责任反哺自然。他解释道：“景色很美的这些景点，它们才能给予游客吸引力。游客来了我的收入就多了。”

假如，明日我远走他乡，
你会一直想念我吗？
因为我命中注定，
在此刻浪迹天涯，
我有太多想要领略的风景。

——Freebird

（作者为兰州大学新闻与传播学院本科生，指导教师张华为兰州大学新闻与传播学院教师。）

扎西杰:草原足球梦的生长之路

陈莉红　郑欣悦　魏金戈　柴叶婧

“耶！赢了！”

并排紧坐在旅馆白色床上的四个藏族小伙子，身体微向前倾着，他们的眼睛仿佛快被电视机吸了进去，连空气几乎都凝固了。伴随着一脚进球，紧张的氛围一瞬间松弛了下来，扎西杰和他的队友们从床上一跃而起，就像绷紧的弹簧一下子得到了释放，在甘肃省甘南藏族自治州夏河县的一间旅馆里，伸展跳跃，纵情欢呼。

这一幕发生在2018年7月6日晚，在俄罗斯举行的第21届国际足联世界杯足球比赛第一场1/4决赛正式拉开了帷幕，法国队对战乌拉圭。在下诺夫哥罗德体育场上空弥漫的每一丝“硝烟”，都极大地挑动着这个小旅馆里牧区少年的神经。

四个人之中的扎西杰是生长于甘南藏族自治州夏河县桑科草原的一个18岁藏族小伙子，家里世代以放牧为生。桑科草原辽远的蓝天、天空下四季枯荣的牧场、悠悠吃草的牛羊，和无数牧区孩子一样，扎西杰的生命仿佛早就已经被打好了这样的底色。

而在扎西杰11岁的一天里，一个足球梦却悄然发芽。

与往常相同，那天他百无聊赖地坐在草地上，手中把弄着随手扯过来的杂草，眼睛盯着远处吃草的牛群。两个阿克（音译，意为僧人）争抢着踢一个圆球的场景闯入了他的眼帘。白色的球在两褐红衣间穿梭来去，翻转跳跃，扎西杰放下了手中被他折磨得不轻的断草，慢慢站了起来，目光直直，朝着他们走去。

从此，草原上的扎西杰陷了进去，一发不可收拾。

扎西杰对足球产生了浓厚的兴趣，他开始每天到草原上找阿克们教他踢球，球技也日益长进。在后来扎西杰所就读的夏河藏族中学的高中足球校队里，他担任前锋。“我踢前锋，你说我厉不厉害啊！”扎西杰说道，语气中充满了自豪。

其实，20世纪初，足球就被引入夏河拉卜楞寺，而后在附近地区传扬开来。但由于场地限制等因素，比赛规则发生了变化：立一长柱为参照物，将足球踢得最高者作为比赛的赢家，毫无技巧性和现代足球运动规则可言。足球在甘南地区的发展经历着艰难的徘徊。

桑科草原上的扎西杰也经历着这样的阵痛。草大大小小的土包遍布草原，踢球时人经常会摔倒。“扎西杰，再踢球你就要去医院啦！”他的父母担心扎西杰踢足球受伤，总是这样说。坑坑洼洼的草原虽辽阔，也无法安放一个球门，无法插下一只角旗。况且对于世代放牧的家庭而言，星星点点布满了草原的牛羊才是生活这座佛塔的基座，足球在这里，只能向其屈膝俯首。

幸运的是，扎西杰的足球梦并没有被桑科草原上牛羊咬碎，他的梦想依旧生根发芽了。

扎西杰就读的夏河藏族中学属夏河县独立初中整体搬迁项目。新校区落成，2015年，扎西杰在升高中后便搬了过去。之前一直在草原上踢球的扎西杰在那时第一次见到了正规的足球场。场地从坑洼遍布的草原变为了平坦且部件齐全的绿茵足球场，他说：“我们是牧区人，从没见过那么大的足球场，很喜欢，也很开心。”“如果没有新校区的话，我就没有踢足球的幸福喽！”他说自己很感谢新校区的修建。

同年，教育部网站正式公布了《教育部等6部门关于加快发展青少年校园足球的实施意见》（以下简称《实施意见》）。《实施意见》提出了发展校园足球的六大保障措施，包括加强师资队伍建设、加大经费支持力度，完善安全保险制度等。而在2017年，为深入贯彻落实《中国足球改革发展总体方案》等精神，教育部将6 837所中小学列为全国青少年校园足球特色学校，夏河藏族中学正属此列。

政策的东风吹得强劲，扎西杰的足球梦正处于政府政策的迎风坡上，可谓雨水充足。

扎西杰所在的夏河藏族中学足球校队在2017年甘南州运动会中获得了对应比赛项目的亚军，在以各县城学校为单位的比赛中也获得了第一名。“最大的这两个了，小的去过好多次了。”据扎西杰介绍，在大大小小的足球赛里，他们一般会获得两千到三千元的奖金，最多的一次是一万元。高一那年，扎西杰就用属于他的那份奖金买了人生中的第一个足球。

获奖图片　　受访者提供

在世界各国足球运动员中，扎西杰最喜欢的是C罗，他最支持的球队也是C罗所在的葡萄牙队。曾有同学因C罗失误而说他没用，扎西杰说，自己那时直接就跟别人吵了起来，他不允许别人这样对待他的偶像。当被问及为何如此喜欢他时，扎西杰说：“因为他球技好啊。”记者原以为C罗的励志故事会是激励这位牧区少年的加分项，但事实是扎西杰甚至不太了解他的故事。喜欢C罗只是因为球技，只是因为足球，只是因为热爱。最喜爱C罗的扎西杰穿着7号球衣，奔跑在平坦宽阔的足球场上，少年恣意洒脱，英姿帅气。

一切都在朝着光明的方向走去，扎西杰的足球梦仿佛一直在壮大。

在扎西杰高二那年，有一所高校来到夏河藏族中学招收体育特长生，扎西杰也去参加了考核。

“体育及格了，可是文化成绩不够。”谈起结果扎西杰语气不免低落了下去，“是天水的一所学校，名字我忘了。”被问到有没有考虑过好好学习一下补补文化成绩考其他学校时，扎西杰说，没机会了，每年都只有一两所学校会到夏河藏族中学来招体育特长生，和他同时参加考核的还有两位同学，都吃亏在了文化成绩上。他说，他们失去了那次机会，就没有机会了——只有全凭文化成绩的高考了。

事实上，据他介绍，在他高中三年里，除了体育课之外，高一到高三的所有英语课、音乐课、美术课他全都用来踢足球了。他也因逃课受到学校处分，扎西杰说，老师们都认为踢足球不务正业，只喜欢成绩好的学生。

他从来没把自己定位为好学生过，在文化课上花的精力与时间就更加只能拜于足球下风，球队里的好几位同学也是如此。

而今年高中毕业的扎西杰考上了甘肃金昌一所学院的会计专业。一切，都在与足球渐行渐远。

近年来，甘南州政府加大了教育投入，截至2017年，甘南州高中阶段毛入学率达到83.6%，高考录取率高达92%，但本科院校的录取率较低。据当地人讲述，由于传统不重视教育的观念根深蒂固，加之许多人有大牧场作为生计后盾，当地部分人民对学习并不十分重视，其结果自然不甚理想。在这片土地上，扎西杰想用考大学来实现的足球梦，这个梦却“水土不服”。

“那你还会继续踢吗?”

“会，我想把它当成我的职业。”

“那你知道你应该具体做些什么去成为一个职业的足球运动员吗?”

“不，我不知道。”扎西杰说得很缓慢。

扎西杰的哥哥姐姐从小就在牧场放牧，几乎从来没有离开过牧场。父母也希望他能够回去帮忙，但他不愿意再去重复这样的道路。

高考结束后的这个暑假，扎西杰选择了暂时在夏河县的拉卜楞寺景区打工。晚上下班时，他会一个人回到桑科草原的家里。躺在床上，看着他放在床前的那个足球，扎西杰总是忍不住想，该把它踢到哪里去。

（作者为兰州大学新闻与传播学院本科生和研究生；指导教师李晓灵、葛俊芳为兰州大学新闻与传播学院教师）

足球少年图鉴

——两位足球夏令营营员的5年

李裕鸿

这是两个“足球少年”。他们都曾参加在青海举行的全国青少年校园足球夏令营。兰州大学新闻与传播学院“重走中国西北角”青海小分队在探访校园足球夏令营期间，采访了这两位相隔5次夏令营、分属东南和西北的这两位球员。这篇报道讲述了他们和足球的故事。

——编者按

夏令营五年之变：同名不同样

2018年7月23日下午3点半左右，青海队的久美文江在西宁城市职业技术学院结束了夏令营一天的日常任务。在刚刚过去的45分钟里，他先是和队友们轮流完成了胯下左右传球、向后拉球、“踩单车”等基本功训练，又踢了15分钟的队内赛。训练赛中，随队教练在场边反复喊着西班牙籍足球教练的训练内容：“一脚传！一脚传！”

带球训练中，队员在被要求说出前方队友比划的数字的同时，还不能失去脚下对球的控制；“一脚传”训练旨在提高队员出脚速度和传球精确度，进而更好地把握比赛中稍纵即逝的进攻机会。对上了高中以后才接受正规训练、在比赛中更倾向单打独斗的久美而言，完成这样的训练内容并不太轻松。

接下来的几堂训练课，久美接触到了更多自己在学校足球队里从未见过的训练方式。“我觉得这边的教练讲得很好，就记下来了。”他把自己在夏令营这8天中练过的训练项目存在手机的备忘录里，“挺难的。那几天训练的时候，能做多少是多少吧。这些东西在小场踢的时候多练一练，比赛的时候就可以用出来了。”

日常训练　　李裕鸿　摄

相比之下，福州小伙儿王臻已经记不清自己5年前在多巴国家高原体育训练基地参加夏令营时练过些什么了。“好像是教练设计了一条线路，然后让你带球跑……别的，这么细的东西，真不记得了。主要还是在练配合。”

他把自己一周的营区生活总结为：早上训练，下午比赛，晚上玩，中间有一天集体组织去了趟青海湖。比起夏令营活动本身，在青藏高原的东北一隅体验饮食习惯、盥洗条件、地理环境等南北差异，对当时即将初三的他而言更加新鲜。“好像当时新疆、西藏那边的都特别厉害。可能他们身体比较好吧。”

即使面对身体素质更胜一筹的同龄人，即使他和另外13名队友出发前仅约过1场球赛，这些同城但不同校的足球少年仍然一起取得了佳绩。2013年，福州作为全国校园足球布局城市之一，得到了参加此次夏令营的机会，最终在有7支球队参加的初中组比赛中获得一等奖。

时过境迁，这种从祖国的东南角奔赴西北角参加夏令营的体验现已不复存在了。夏令营从2010年开始举办，8年间，营员以市为单位的组队方式已逐渐演变成以省（自治区、直辖市、新疆生产建设兵团）为组织单位，各营区的划分也遵循基于地理“大区”划分的就近原则。然而，虽然其教练员组成、训练内容、休闲活动也年年有别，但也万变不离其宗。它从来都是营员交流球技的平台，也一直承担着遴选人才的任务。

今年夏令营，营员需通过技能测试、营内比赛、平时训练等环节竞争营区最佳阵容，入选者即可参加8月开始的总营。久美文江就想借此证明一下自己，但最终愿望落空。尽管在开训初就有落选的预感，可当最佳阵容“出炉”后，他还是为此难过了很久。

久美分析自己落选的原因，主要是在占考核比重最大的技能测试中出现失误：“当时有射门，3次机会，我踢飞了两个。”此外，在营内循环赛中对阵新疆、甘肃、新疆生产建设兵团代表队时，青海队也三战全负。在最佳阵容的33人大名单里，青海队占4席，均无高一的学生。“教练也安慰我，说我明年肯定能被选上。”

成长的快车道

在西宁城市职业技术学院的绿茵场，有超过一半的营员没能更进一步。而无论能否前往总营，他们仍是在2017—2018学年各地校园足球联赛里脱颖而出的健将。

从这次夏令营的营地朝南步行10分钟，便可到达青海省三江源民族中学。在这里，久美用不到半年的时间完成了几个人生中的“第一次”：2017年12月第一次加入校队、遇到人生中第一个足球老师，2018年4月第一次踢校园足球联赛——人生前15年都在玉树州称多县踢“野球”的他，从这里开始迅速成长。

小学时，他为踢球的大人当球童，有时场上人数不够，就会叫他一起在踢11人制比赛的大足球场上追着球跑。得到足球的启蒙后，他开始和年龄相仿的小伙伴踢。有时，他们翻墙进入县里一所高中，在一块用石灰画线的土场上踢；更多时候，他们直接在大草原上踢，虽然不规整，但也是天然的足球场——在牧区，人们是不必为找不到“绿茵场”发愁的。

到了初中，他的足球之路开始走出了“原生态”。初二，他从姐姐那里得到一部手机。就开始用流量看足球教学视频。“一般是前一晚先看，第二天就去学。”初中毕业后，在姐姐的鼓励下，他加入当地的草根足球俱乐部，和许多大人踢得有来有回。

久美的足球之路也被他的哥哥看在眼里。“我哥说，你这么喜欢踢足球，要不高中就去西宁读吧，有更多的机会接触足球。”结果，他随学校足球队在西宁市中小学生运动会中连胜七场，一举夺冠，前往西安参加校园足球联赛高中男子组（西北赛区）的比赛。尽管球队最终1胜5负，他还是在6场比赛中为球队贡献了5个进球。

“学校高中部才办了两年，今年是第一次参加联赛。我们球队的实力要高出西宁其他学校一截。”队员的努力，指导老师童英才看在眼里，“我们的娃娃比赛作风、精神面貌和身体素质肯定没问题，就是基础差一点。他们特别喜欢足球，训练都很自觉主动，这种热情不是督促出来的。”三江源民族中学建成于2010年，生源都来自青海的牧区，玉树籍占六成。校队里，大多数同学不曾受过正规训练。

关于未来，童英才和他的爱徒之一久美文江都希望能在比赛中更进一步。“我们就想走在青海的前沿，把这里的足球水平拉高一点。接下来，争取在2至3年内冲进全国总决赛！”童英才有点激动，“小组赛保证前两名，交叉排位赛赢一场就到四强了，后面就可以参加全国校园足球联赛高中组总决赛了。”久美认为，面对在4月份举行的联赛，现在的训练量还不够：“我们一周训练3次，差不多在联赛前才开始训练。我希望能早点就开始练，不过这还要看校长的安排。”

当校园足球之风吹起

当久美还在老家读初中时，怎么也想不到有后来的这些经历。那时，年级比赛是他曾参加的最正规的球赛。不过，他一毕业，学校就史无前例地组建足球队，因为县级校园足球联赛来了。“学校为了荣誉，一般不会弃权的吧？”久美猜想。

2009年，国家体育总局和教育部联合下发《关于开展全国青少年校园足球活动的通知》，校园足球联赛也从此兴起。现在，联赛按小学、初中、高中、大学四个阶段划分组别，又在全国范围内开枝散叶。此外，在比赛中表现优异者将有机参与校园足球夏令营——于校园足球“精英”们而言，这里是通向更高水平比赛的开始。

担任青海男队教练的童英才，2011年大学毕业就来到了三江源民族中学。他见证了这所中学学生足球运动的开展、普及。2017年，三江源民族中学成功入选全国青少年校园足球特色学校。

2015年1月，教育部牵头成立全国青少年校园足球工作领导小组，并开始遴选全国青少年校园足球特色学校。“足球特色校的申报过程很复杂，除了学校的足球成绩，场地、师资等方面也要综合考虑。”童英才介绍，“申报成功，以后开展足球活动时，在政策和资金上都会得到支持。”

校园足球的春风在福州要吹得更旺盛些。于王臻而言，这股风让他从小学到高中都有踢联赛的机会，并使他的小学和初中母校都成为首批全国青少年校园足球特色学校。上高中时，他看着初中母校的大足球场铺上了配色宛如西瓜皮的新草皮，他曾向往的高中也是首批全国青少年校园足球特色学校之一。在那里，一个阿根廷外教带了一学年的足球课。

然而，这股风却翻不过一个名为大庙山的小丘，这里有王臻的高中母校——福州四中。

大庙山的水泥地之王

王臻一字一顿地说："（四中）原来是没有（足球场）的，然后我这届一毕业就有了。"

"当时报志愿的时候，没有考虑学校的足球队厉不厉害，就想着有没有球踢。"福州四中有自己的足球队，也是福州市校园足球联赛的常客。结合自己的成绩，王臻在中考时将四中作为第二志愿并最终被录取。然而，当王臻入学报到时，学校只有一个还未竣工的小操场：跑道一圈250米，被跑道包围的足球场还裸露着水泥。

但是，在这里，他体会到踢足球的乐趣，也开启了又一段校队生涯。由于场地限制，队员们在平时不得不多加练习一对一过人、盘带、短传等"小技术"，以填补在远射能力上被其他学校拉开的差距。但在足球比赛中，技术仍然服务于进球。于是，在"山"里的他们把两个篮球架当作球门的立柱，对着篮架后的一堵墙操练射门的功夫。

这种训练方式也伴随显而易见的风险。"平时很容易踢坏花花草草。"说起校队搞过的破坏，他笑道，"最厉害的一次，我高一的时候，有个学长把学校电子屏踢坏了，10 000多块钱的！本来要赔，后来也就算了。踢到花瓶的、空调排气扇的更多了，玻璃也踢碎了很多。"

四中的体育课从来不教足球，球队也基本上集结了学校所有的"踢球户"。在球队的微博里，他们自称"大庙山的水泥地之王"。这里记录了球队2013年10月—2016年8月的比赛，尽管负多胜少，也不乏一些高光时刻。比如，在2016年八校赛（有八所高中参与的福州市暑期民间足球赛事）中，四中尽管小组赛出局，但战胜了那年的冠军。

现在，学校新建了笼式五人制足球场。在寸土寸金的城区里，四中学子再也不必冒着破坏公物的危险偷偷踢球了。

交错而不相同的轨迹

无论是初中还是高中，是东南还是西北，面对校队大约一周三练的频率、联赛期间每周末有一到两场比赛等情况，如何文体兼修是足球少年们绕不开的话题。

在今年的足球夏令营，来自西宁五中的一位教练表示，学校里最初有3个学生能来到这里，都因临近高三而放弃了。“他们班主任说，小孩子努把力就能上一本了。”这位教练坦言，“其实家长也支持，但是到这个时候嘛，整个社会都是这样。”

在这方面，王臻和久美文江也不是“别人家的孩子”。

“我妈老说，你少踢点球，多读会儿书，说不定就考上一中了。”标准的足球场、能够闯入省级校园足球联赛的队伍以及16:40分放学、19:00晚自习开始的作息挑逗着他的踢球欲望。

然而，这也是福州市中招录取分数线最高的学校。由于痴迷足球，他的成绩从班级第一开始一落千丈。在这所初中，每年400多位毕业生里只有10人左右能考上福州一中。最后，尽管初三时从年级100名左右一路回升，并且还因在足球比赛中获得佳绩而手握3分附加分，但他还是“逆袭”失败了。

久美的中考分数虽然不及总分的一半，但也乘着政策的春风，考进三江源民族中学，从牧区来到省会。这也是他心之所向——因为“天高皇帝远”，父母没法阻止他热爱足球。在家里，如果想踢球，他只能偷溜出去。

踢球的阻力从初中就已出现。除了因上课睡觉、下课踢球而被班主任教育，久美的父亲也曾因他踢球晚归而打过他。现在，他的父母正担心自己的小儿子日后考不上大学。

久美也知道自己成绩不好，但这使他更寄希望于在足球联赛中发挥出色——拿到国家二级运动员证，就可以走体育单招了。

“我们那里比较‘封建’，父母都觉得踢球是不务正业，又不能当饭吃，还不如好好学习，以后找一份好工作。这是对的，毕竟踢球只是一种爱好。”久美很坚定，“但我还是想踢出点成绩，证明一下自己。我还想拼一拼，拿到一级运动员证。这样好像可以直接上大学了。”

5年故事的终点，未来的起点

王臻现在也踢球，暑假时还会约上曾经的球友。“足球这种东西啊，你一旦爱上，就放不下来了。”

他来到四川读大学，顺理成章地进入校园足球联赛体系的最高龄一层。在这里，他和院足球队拿下学校足球赛的冠军，和校足球队一起在大学生足球联赛（四川赛区）中小组赛出局。此外，他还开始尝试考取足球裁判证。在世界杯期间，他更是熬夜看球。

从小学时喜欢上动画片《足球小将》起，真实的足球就不曾离开王臻的生活。直到现在，足球都是一股让他的平静生活泛起波澜的力量。在这片广阔的湖泊，远望是平静的蔚蓝，走近了，澄澈的湖水不时地轻轻拍岸，激起一些小水花。

关于裁判证，久美文江坚决不考，因为吹比赛的时候，自己都会脚痒。他有自己的“绿茵梦”：在足球的天空一路翱翔，就像家乡草原上空的雕。

久美回忆道，自己初中母校的教工足球队有时在学校的足球场踢球，久美和其他同学想加入比赛，那时的班主任拒绝道：“不去学习，来这里干吗？出去，出去！”

久美说：“我当时就想着，以后一定要踢一场。让他们瞧不起我们！”

可足球的天空绝非只限于称多县的上空，久美也还不满足自己已经在西宁和西安的足球场上带球飞奔。他想飞往职业联赛的热土，最想在东南沿海的广州恒大落脚。“远……也没有关系，那是我的梦想。”

（作者为兰州大学新闻与传播学院本科生，指导教师张华为兰州大学新闻与传播学院教师。）

寻访贫困村

敬雯　李裕鸿

李裕鸿　摄

敬雯　摄

2018年7月24日下午，“重走中国西北角”青海小分队来到湟源县大华镇后庄村，了解当地扶贫工作的开展情况。后庄村第一书记巨克平等村干部向我们介绍了后庄村村情和近年来的扶贫情况。

从城乡小巴士的停靠点前往后庄村还需步行约2公里的上坡路。从坡上俯瞰斜下方，一间间被土坯包围的平房相继映入赶路人的眼中。

在村里的小广场，4名村干部分别向我们介绍了该村基本情况、脱贫攻坚工作中存在的实际困难、2016年以来该村精准扶贫取得的实际成效、群众对脱贫攻坚工作的意见和建议以及下一步精准扶贫的思路对策。同学们与村干部就扶贫工作的开展进行深入交流。

巨书记等村干部带领师生前往村内的养鸡场。途中，三位妇女在树阴下纳凉、做针线活。笔者在拍摄时，妇女们抬头向镜头的方向张望，很快又低头做自己的事情。

敬雯　摄

因沿路拍照，笔者与一位同行的同学落在前往养鸡场的“大部队”后方。在门口举起相机时，一位奶奶与一个小女孩站在房屋左侧。

“你们是做什么的？”奶奶询问道。她们长住于此。

解释此行的来意后，笔者提出进门参观的请求，一老一少欣然将同行三人领进院子。

李裕鸿　摄

经过院门口的菜地，绕过被平铺在空地上曝晒的牛粪，笔者来到二人的住房里。旧沙发两旁的几盆花开得鲜艳。阳台侧面，一张炕正对卧室门。奶奶说，自己有养老保险，生活比以前好多了。

面对卧室，右边的组合柜里摆满日用品，一把三弦高悬在左边的炕头上。

李裕鸿　摄

李裕鸿　摄

敬雯　摄

“奶奶，这个是啥琴呀?”笔者问。

“这是（小女孩）爷爷的。”

笔者追问：“那爷爷在哪里?”

奶奶的回答夹杂着方言，只能听懂“坟里”二字。

“他是已经老了吗?”

奶奶点头，说：“爷爷72岁。”

熊玩偶是小女孩的姑姑送的，被她随时抱在怀里。大部分时间里，只有祖孙二人住在此处。聊天时，她始终站在奶奶旁边，寸步不离。

小女孩曾因心脏问题做过手术。伤口愈合后，背部留下一道长长的疤痕。此外，伤疤附近的皮肤上覆盖着灰黑色的污垢。

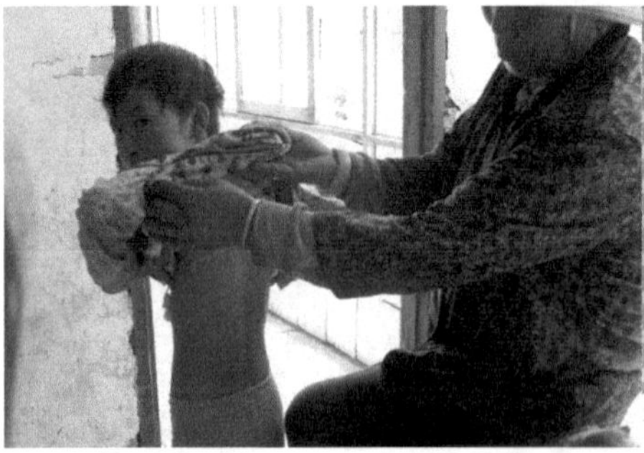

敬雯　摄

奶奶告诉笔者，小女孩在镇上的学校读一年级，还不太会写字。笔者问小女孩是否会背唐诗，她笑嘻嘻地摇头；问她愿不愿意唱歌，也摇头。

同行的同学掏出一张印着兰州大学校园风光的明信片，写好寄语后送给小女孩。她笑得很开心。后来，她跟着奶奶跑到屋外送行，用明信片扇风。

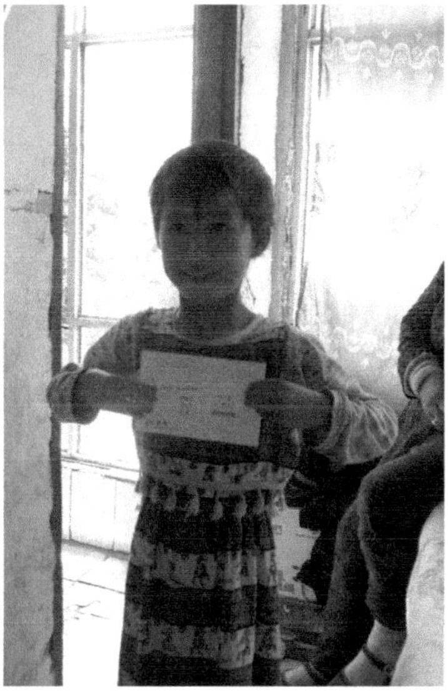

敬雯　摄

敬雯　摄

祖孙二人在院子里养了一条狗。临行前，黄狗还对着我们这三个陌生人“汪、汪”地叫。奶奶一挥舞手上的木棍，它迅速钻进了狗窝。

离开这户祖孙的家前往养鸡场的路上，有许多这样的人家。

敬雯　摄

敬雯　摄

占地近十亩的养鸡场坐落于村子的坡底，由村民马宝元于2016年开办。养鸡场内现有肉鸡3 000多只，鸡苗5 000多只，配备4名养殖人员：马宝元和他的妻子、一位大学毕业的技术员和一位雇佣来的工人。马宝元每年可以申请扶贫贷款，今年申请了10万元。

李裕鸿　摄

党的“十九大”报告中指出，脱贫攻坚，“三农”是重点。家禽饲养、当归种植、养老保险……后庄村的精准扶贫工作已见相当成效。习近平总书记在十九届中共中央政治局常委会同中外记者见面时说道：“全面建成小康社会，一个都不能少；共同富裕路上，一个不能掉队。”

（作者为兰州大学新闻与传播学院本科生；指导教师张华为兰州大学新闻与传播学院教师）

印象塔尔寺

赵为德　敬雯

塔尔寺又名塔儿寺，建成于明代，是中国藏传佛教格鲁派（黄教）六大寺院之一，位于青海省西宁市西南25公里处的湟中县，现为国家AAAAA级景区。

塔尔寺是中国西北地区藏传佛教的活动中心，在国内外久负盛名，明清时期曾多次受到皇帝赏赐，其宗教地位举足轻重。

塔尔寺正门　　赵为德　摄

售票处　　赵为德　摄

八宝如意塔　　　　　　　　　　　　　　　　　赵为德　摄

八宝如意塔建于1776年，位于寺前广场，据说是为纪念佛祖释迦牟尼一生的八大功德所建。塔身白灰抹面，底座由青砖砌成，腰部还装饰有经文。

祈寿殿　　　　　　　　　　　　　　　　　赵为德　摄

祈寿殿始建于公元1717年，为祈祝七世达赖喇嘛长寿而建，是一座小巧玲珑的宫殿式建筑，屋顶琉璃瓦金碧辉煌。

寺内建筑的屋顶　　　　　　　　　　　　　　　赵为德　摄

墙上的壁画　　赵为德　摄

塔尔寺内有三宝，酥油花、壁画和堆绣，被誉为“艺术三绝”，壁画是各殿宇墙壁上的绘画，大多绘于布幔上，也有直接绘于墙壁和栋梁上的。

酥油花　　赵为德　摄

酥油花是用酥油制成的油塑艺术品，要求在低温环境下制作，每年农历正月十五，僧人们会将精心制作的酥油花在寺内展出，并参与评选，成为一年一度的寺院盛会。

堆绣是塔尔寺独创的藏族艺术品种之一，包括刺绣和剪堆两种，其内容题材大多来源于佛教故事和宗教生活等，是该寺独创的传统艺术。

寺院管理委员会　　敬雯　摄

塔尔寺有完整的行政、宗教组织系统，其行政组织的最高权力机构是全体僧人经堂会议；“显宗”“密宗”“时轮”“医明”是僧人们研习佛学的四大学院。

信徒在做朝拜　　　　赵为德　摄

落日的最后一丝余晖洒向大地，苍茫的暮色渐渐隐没了远处的山峦。塔尔寺外，仍有虔诚的信徒双手合十地在朝拜。

（作者为兰州大学新闻与传播学院本科生；指导教师张华为兰州大学新闻与传播学院教师）

走进湟源县贫困村看精准扶贫成效

冯璐　郭琪琪

2018年7月24日下午两点，兰州大学新闻与传播学院第八届“重走中国西北角”青海小分队来到了青海省湟源县大华镇后庄村，看精准扶贫政策在后庄村取得的成效。

后庄村村景　　张华　摄

大华镇后庄村处于浅脑山地区，经济收入主要依托连片种植业，其次是畜牧业。现有农户182户共692人，2015年经精准识别，全村有贫困户12户计30人，现已有5户脱贫。如今，村内有安全饮用水、生产生活用电、新建文化广场和篮球场等健身设施。

后庄村新建的文化广场　　郭琪琪　摄

后庄村文化广场建成于2017年。2016年和2017年，省工商局各支持资金20万元，共40万元，为后庄村修建了健身和休闲文化广场。

后庄村村干部介绍村内基本情况　　郭琪琪　摄

第一书记巨克平等村干部向我们表示欢迎，并简单介绍了村里的基本情况。

同学们采访第一书记巨克平　　冯璐　摄

同学们就“村民如何脱贫”“脱贫情况”“驻村干部工作”等问题采访了第一书记巨克平。

村干部带领我们走村访民　　冯璐、郭琪琪　摄

后庄村支部书记李虎林告诉我们，村里的青壮年都外出打工了，留下来的基本都是老人和孩子，有时候“老人病了连送医院的人都没有”，现在，他们通过微信群可以更方便地联系到每一户村民。

我们走访的一家贫困户　　郭琪琪　摄

一户人家的奶奶告诉我们，生活比以前好多了，“有养老保险”，她的小孙女就在镇上的小学读一年级。

同学们采访农村养殖户　　冯璐　摄

养殖户告诉我们他的养殖场是在政府的帮助下办起来的：“政府补助了27万，我自己又借贷了20万。”目前，养殖场的收入每年会分红给村里的十户贫困户。

养鸡场内景　　冯璐　摄

养鸡场现有肉鸡3 000多只，鸡苗5 000多只。养殖人员共有四人，除了他们夫妻二人之外，还有一名养殖技术人员和一位工人。

（作者为兰州大学新闻与传播学院本科生；指导教师为兰州大学新闻与传播学院教师）

魅力陇南

陇南线路线简介

张维民

2018年夏天，重走西北角陇南小分队出发了。当天早上下着小雨，我们一行九人在兰州火车站取票，之后于火车站广场上拍摄第一张集体照，传回到学院的群里，在老师们的鼓励和关切之下，在现场队员对陇南美好想象和希冀所激发而出的略带忐忑的欣喜中，征程就这样正式地开始了。

出发还是回归？是征程还是返营？是踏上旅途还是重现于家园？每一次的重走，总是触发几多的思考，我想这也是重走深意当中的其中一层意思。小分队乘坐动车约一个多小时到达哈达铺，在参观纪念馆后前往宕昌县城，逗留几日后又到达武都。按照原来的计划，我们还要去康县，尔后返回兰州。可是由于当时正处雨季，在新闻中了解到通往康县的公路有一段因大雨通行受阻，出于安全的考虑，小分队商量后决定这次暂不去康县。

在哈达铺，红军长征的足迹、保存着历史信息的古老街道、见证时光变迁的静谧的山林，使我们真切地感知到我们的先辈在当时的真实生活情境。近代的中国历史是屈辱的历史也是民族警醒、凝聚和斗争奋进的历史。历史并没有随着时间的前移而成为遥不可及的过去，因为历史的讯息和历史所遵循着的规律在每时每刻规制和决定着我们的现实的生活和运势。在哈达铺长征纪念馆，在哈达铺古老的镌刻着国人革命记忆的历史遗迹及其所透射的讯息中，我们看到了革命先辈为了民族的解放所进行的坚决斗争的场面，耳边似乎响起“起来，不愿做奴隶的人们……”的呐喊声。参加重走活动的重要意义之一就在于将我们置身在历史的在场之中，激发我们用身体、用心灵来品读和咀嚼先辈用宝贵的生命和创造实践所凝结而成的文化遗产和精神积淀。阅读，是思想的旅行；重走，是身心的品鉴。

在哈达铺的红色文化与红色记忆所构筑的意象世界之中，我们重走小分队感受先辈的革命精神，瞻仰先辈为国为民的伟大人格与使命担当，从同学们若有深思的目光与坚定前行的背影中，我似乎看到了年轻学子担当意识的成长和凸显。对于参加重走活动的学子来说，来到陇南，总是有着很多的欣喜和期待，观赏青山绿水风景名胜所带来的快乐之外，留给学子的更具价值的收获一定是文化的成长：积累注重实践的品格，涵养热爱自然的淳厚品位，兼容不同地区风俗秉性的胸怀，继承先辈留世的有益哲思，增强情系民生的人文素养。在小分队同学的一篇篇呈现活泼故事，闪烁灵动见地的文字中，我们看到了一双双充满着对有意义的人生进行探索的希冀的眼睛，我们感受到了青涩、触动和得到启迪以及思维打开之后的激动心情和生长的信念。

在宕昌县城我们停留了近三日，那几天连续下雨，河水涨高了许多，在淅淅沥沥的雨声与旅馆不远处传来的河水奔腾的混响交杂的声响背景之下，我们一边享受着夏日的凉爽，一边又忐忑下雨太久会占用不少重走的时间。因此，同学们在下雨暂停的间歇就插空去往周边交通较为便利的乡镇，前往了解民情民风，采撷具有当地特色的具有代表性的社会图景和元素。同学们勇敢、踏实、深入，寻访了当地的苯教文化，感受农村村民的静谧敦厚的田园生活，探寻云间采药人的诗意人生，记录乡村扶贫的民生状况……我们不仅在记录着所闻所见，我们不止于观察美丽的陇南。面前的一切，感觉到的一切更是印入了我们的记忆，在我们自觉抑或无意识的回想中入驻我们的精神家园，成为我们每个人内在阅历、知识及情感的构成部分。重走中的山水人物故事进入我们的视界，我们也走入了这里的情境，从此我们相连相融合，直到永远。

几日后，我们到了这次重走——陇南行的最后一站：武都，这座交融着北方的憨厚与南国的柔情的魅力城市。甫至此地，队员们稍事休憩便立即进入“工作”的状态，分别前去探究陇南电商运行模式，了解当地经济作物如花椒和油橄榄的生产与销售，观察地质灾害多发地区的民生保障，感受当地的旅游经济……尽管对部分话题的调查研究与细致深入的思考需要较长时间的酝酿和分析而未能在重走期间成文，但是对于学子而言，对这些话题所激发的持续关注与思考，将成为学子长期学习与实践过程中所重点关注的议程。重走——陇南行，正如每一届每一队的重走一样，不仅是重走期间的新实践、新走入、新写作，同时在我们的心中更是撒下一粒粒火种，在我们的认知中种下青苗，为我们镌刻着文化的基因。

在重走队员的笔下，我们看到在党和政府的领导和各项惠民政策的支持之下，当地居民努力奋斗，在电子商务、城市建设、农村脱贫等方面所取得的巨大成就。字里行间，流露出陇南作为“橄榄之城”的醉人魅力；在学子质朴的叙述中，呈现出滔滔流淌的白龙江晶莹的浪花；在学子的眼前，打开的是新时代陇南人民创造幸福生活的感人画面。

请让我们走入这刻印着历史、记录着时代、陪伴着学子青春成长之旅的心路历程吧！

（2021年3月20日记于兰州寓所）

“红色巧手”再现长征记忆：陇南哈达铺徐文林制鞋记

岳洁　灿烂　寻立

1935年，中国工农红军长征的路上，打响了长征进入甘肃境内的最关键一仗——腊子口战役。经过两天激烈的浴血战斗，红军急需休整，便在哈达铺一带落脚。当地村民看到在街道上睡觉的红军士兵，逐渐放下了戒备心。他们注意到有的士兵穿的是草鞋，有的甚至没穿鞋子。老百姓纷纷为红军送上自己亲手做的鞋子，整个村子杀猪宰羊，支持红军长征。

1998年，徐文林从老家武威来到这片充满长征气息的红色圣地哈达铺闯荡时，他听闻了这则在当地广为流传的故事。因此，在故事的启发与个人情感的带动下，他有了建鞋厂的想法。一家制鞋小作坊就此开张，这就是如今占地1 500平方米的哈达铺红军鞋厂的原型。

随着哈达铺红色景点的开发，“红军鞋”也吸引了当地政府的注意。历时三四年，经过和政府的多次商榷，最终为红军鞋厂划了一块地皮，也就是红军鞋厂现址。由于缺乏经验，徐厂长夫妇不敢向银行贷太多钱，他们只得四处借钱，有时连工人的工资都不能按时发。在艰苦努力之下，红军鞋厂于2013年建成。二十年的岁月中，“红军鞋厂”虽有过艰难的时期，但在徐厂长夫妇的努力下仍以坚定的步伐前行着。

当时的红军鞋作坊规模很小，资金少，工人少，制鞋产量低。红军鞋的生产工序复杂，一双成品红军鞋要经过撑麻绳、搓麻绳、纳鞋底、做鞋面、裹底子等二十多道流程。徐厂长拿着一只纳好的鞋底为我们介绍道：

“红军鞋厂生产的鞋子是全手工制作的，光是纳千层底就得花费一两天时间。”

如今的红军鞋厂每天能生产一百多双鞋子，不仅产量提起来了，就连款式也增加到了六七种。位于红军鞋厂一楼的展厅内，雪白的墙面和墙上挂的红军长征的照片相互映衬。

制作完成的红军鞋　　灿烂　摄

四周的展架上摆放着包括草鞋、弓鞋、虎头鞋、布鞋、拖鞋等不同款式的几十双产品。特别是展架上的草鞋，是按照当年红军穿的草鞋样式制作的。一双草鞋拉近了我们与那段红色历史的距离，也承载了今人对历史的缅怀。

红军鞋厂的建成与成功运营，带动了当地贫困妇女和残疾人的灵活就业。目前，红军鞋厂总招工五十余人，其中有一半的人是在家灵活就业，他们既可以务农，又可以通过做鞋补贴家用，这在很大程度上方便了员工的生活。每次准备好材料之后，徐厂长会把材料发给那些在家工作的员工，他们有的纳鞋底，有的做鞋面。做好之后再从他们手中收回来，由工厂把鞋底和鞋面缝在一起。

2015年，红军鞋厂被确立为陇南市“陇南巧手”省级示范基地；2016年，注册了“红色巧手工艺品”农民专业合作社。结合红色旅游和合作社的特点，红军鞋厂走上了“公司+合作社+电商+贫困户”的发展模式，公司发展状况良好。

随着红军鞋知名度的提高，很多新闻记者纷纷来到红军鞋厂报道有着特殊历史印记的红军鞋。甘肃新闻、央视等媒体的报道使红军鞋名气越来越大。

在谈到对公司未来的规划时，徐厂长夫妇却愁容满面。现今公司正准备申请安全生产标志，用来扩大知名度，可是这需要不少时间才能申请下来。在去过多个地方考察之后，徐厂长认为红军鞋的市场很大，中国有很多红色旅游景区，不缺红军鞋的买家。浙江一家公司也曾想要红军鞋厂为他供应大量红军鞋，但是按照目前公司的产量，很难满足他们的巨大需求，徐厂长不得不拒绝这绝佳的机会。不仅仅是在中国，在考察完俄罗斯后，徐厂长更是想把红军鞋这个中国品牌推向海外。可是目前出现的问题也让他不得不暂时放弃这个念头。公司的资金短缺使得公司不能继续扩大规模和产量，与此同时，由于费用太高，他们只能暂时放弃在央视为红军鞋做广告的想法。年龄已逾五十的徐厂长，对现今互联网新媒体的使用不多，儿女也不打算继承父业，使得公司只能按照已有的规模持续。

徐厂长做了二十年红军鞋的营生之后，也获得了不少经营企业的经验。他认为，公司想要经营得好，产品是关键，既得保质保量，同时也得推出新产品。服务态度要好，没有一个好的服务态度，再好的产品也不容易卖出去。同时得抓住机遇，必须顺着时代潮流发展。正是因为有这样的理念，红军鞋厂才能发展成一个现代化工厂。

曾经的一双双草鞋，陪伴着红军走过了万水千山，走向了长征的胜利。如今在徐厂长的手中，红军草鞋成为历史和记忆的延续。手中的鞋，不仅丈量着脚下的路，而且带领着群众一起发家致富。它不仅是过去中国历史的见证，更是现今中国一步一步实现全面小康社会的缩影。

（作者均为兰州大学新闻与传播学院本科生；指导老师为张维民、王臻为兰州大学新闻与传播学院教师）

“武苯”苗赵生义

——陇南宕昌苯教的文化符号

刘世龙　牛雨倩　朱晨

甘肃省陇南市，地处中国第二级阶梯向第三级阶梯过渡地带，位于秦巴山区、青藏高原、黄土高原三大地形交汇区域，长江黄河在此交织缠绕。独特的地理区位孕育了苯教文化。

苯教是古代吐蕃的原始宗教，发源于西藏林芝地区，盛行时分本地、外来和窜易三派，后来演化为黑苯、白苯两支，并多有通灵人，喜占卜、幻术，崇尚鬼神、精灵、魂魄、命运、道数等。现今居住在宕昌县境内的一些信奉苯教、拥有苯教经书、能为村民祈福的藏族同胞被称作“苯苯”。

宕昌的苯教信仰分为文苯和武苯两种。他们认为，人间的灾难由凶神恶煞带来。当村民生活困苦需要帮助时，武苯便头戴面具，挥舞大刀，跳傩舞祭祀，驱赶恶鬼。当武苯不能降服，就由文苯唱诵经文，赞扬鬼神，以期与其和平相处，为村民带来祥和的生活。

居住在陇南市宕昌县鹿仁村的苗赵生义就是现存为数不多的一名武苯，年逾五十的他是苯教在宕昌唯一的第一代经书传承人。据学者考证，苗赵生义所拥有的苯教经书已有近三千年的历史，经书的内容用独特的藏文书写。可惜的是这种文字在苗赵生义父亲一代便已失传，如今的苯教活动都是通过口传的方式来传承。

苯教的特点集中表现在祭祀活动中。如今，每逢腊月十二、十五以及传统节日期间，“苯苯”都会举行祭祀活动来祈福。平日里，如果需要卜卦、消灾或者求平安，也可以请“苯苯”到家中进行祈福。每次公开的祈福或者祭祀活动都需要一只羊或者三只鸡用来祭祀，这些祭品则由村民们轮流供奉。

“苯苯”进行祭祀仪式的服饰也大有讲究，苗赵生义向我们展示了家传的苯教服饰：用黑熊毛皮和山鹰羽毛制成的帽子凸显出苯教文化的野性，明清时期上好的丝绸所制成的衣服虽然历经百年也没有明显的破损，黄铜打造的三件法器是“苯苯”祭祀时必不可少的工具。

苗赵生义为我们演示了简单的苯教开拜仪式：先点燃一盏长生灯和三炷香，用山香（即松柏枝）引燃纸钱，然后开始念诵经文和祝祷词，接着就是向神明敬奉白酒，中指蘸上酒弹一弹，再往火盆里倒上一点，瞬间腾升的火焰似乎将苯教文化的神秘感渲染到了极点。

苗赵生义解释道，以往“苯苯”会按照传统惯例，每逢农历三月三、四月三在村庄举行青苗仪式，四月十五、四月十七、四月十八和四月十九这几天到村庄周围的东南西北四座山举行闸山仪式，五月初一和六月初一时到乡间举行麦熟仪式，九月初九举行谢神仪式，腊月十二和腊月十五举行请山神仪式。而这一系列的仪式主要是为了保佑村里庄稼的收成和消除一整年的灾祸，但自从2003年，这些习俗和仪式大多都已废止，只保留了请山神仪式和传统节日时的祈福活动。这一切的根本原因是苯教文化的传承问题。

苗赵生义一共有四位徒弟，但他们现在都已经离开村子到新疆等地打工去了。苗赵生义说道，他自成年后便跟随自己的父亲学习苯教祭祀，从那个时候到今天就从未有过间断。而学习苯教入门的一些知识至少也需要四年的时间，自己的四个徒弟却只是利用打工回家后的零散时间进行学习，所以直到现在他们学会的只有武本当中的驱鬼傩舞，对经文仍然一窍不通。苯教传承遵守严格的血缘亲疏关系，并且家族内传男不传女，苗赵生义只有一个独生女和一个小孙女，所以在面临传承问题时，苗赵生义只能选择和自己有血缘关系的四个男性表亲。苗赵生义感慨道，徒弟们逢年过节返乡后往往都贪图玩乐，不把心思用在学习苯教文化上，所以苗赵生义也很难将自己的一身本事传给他们。

当我们问到是否会担心苯教文化的传承在这一代中断时，苗赵生义却非常自信地给出了否定的答案。他相信自己的几个徒弟如今只是年轻气躁，贪玩了一些，但随着时间的推移，他们终究会意识到苯教文化的重要性，并且主动投入相关的传承学习之中。

近年来陇南市政府开始重视苯教文化的传承问题，开展了大量的宣传和保护工作，打造了以凤凰山神祭祀台、官珠府、廊桥、苯教文化广场、苯教传习所为重点的鹿仁羌藏风情园，并且每年给几位传承人一些相关的补助。在苗赵生义的家里还有相关部门赠予的用来保存已经传承上千年的经文和苯教祭祀物品的保险箱。对于传承这样一种久远而精深的文化来说，仍是任重而道远。

但是随着一些颇有造诣的“苯苯”因年事已高而相继退出或去世，加之现在传人很少，有些绝技难以传承，苯教事实上已濒临失传。

在与苗赵生义的交谈中我们还遇见了他正在上小学的小孙女，每当我们谈论到苯教的相关内容时，她都表现出了强烈的好奇心。并且私下她也告诉我们，她自己很希望能够将这种文化传承下去，但是传男不传女的传统观念依旧是一道坚硬的屏障。在她的身上，我们也看到了苯教文化传承在新一代燃起的希望之火，苯教的明天究竟何去何从，依旧是一个时代所面临的问题。

苗赵生义和他的孙女　　牛雨倩　摄

（作者为兰州大学新闻与传播学院本科生；指导老师张维民、王臻为兰州大学新闻与传播学院教师）

官鹅村扶贫观察记：技能扶贫很重要

汪美灵　买钰莹

“你们刚刚在村口拍什么呢，我看看。”耳边传来了陌生大叔的声音，带着浓浓的口音。我们停下脚步，抬头，看见一位面容清瘦肤色黝黑的大叔站在“桃园山庄”门口。看我们停下，他面带笑容地走过来。这一笑，便让我们知道这人不是来找麻烦的。

“我们就是拍了一下村口写有官鹅村的大石头。”看他走来真有意要看，我们就边回答边将相机中的图片展示给他看。他看了看，又说：“我这山庄你们也可以拍一张。”就此，和他的对话展开了。他是桃园山庄的庄主张林森，在交谈中我们得知他也是官鹅村村支书。

景区带动村子发展

官鹅村位于官鹅沟国家森林公园，是一个途经国家4A级景区大门口的村庄，守着景区的村子自然不同，农家乐也一定会因景而生。

张庄主表示，村子里原有9家农家乐，但因最近有些经营不善，已经关门，现在村子里还有5家农家乐。

张庄主表示，山庄这两年的营业额大概在10至20万之间，加上门票由90元涨到150元等原因，营业额较之之前有所下降。说到山庄名字由来，本以为是侠肝义胆，取自“桃园三结义”，没想到却是铁骨柔情，只因院子里春季开很多桃花，由此命名“桃园山庄”。

山庄主营业务是餐饮，张庄主会把在自家吃饭并打算住宿的客人安排到各村民家居住，并在游客和农户之间协调价钱。

“说好了，就不能改了。”既不能让村民吃亏，也不能让游客被宰是庄主一直坚持的原则。

山庄营业时间随着官鹅沟的客流量而定，一般是从4月份到10月份。山庄特色食物是山鸡、腊排、腊肉和野菜。山鸡在当地的村民家购买，而腊排、腊肉会自己制作一些。因为场地限制，制作的腊排一般卖两个月就结束了。野菜也是从附近的村民家收购，因为野菜不易存放，每次收购量只有几十斤，价钱也随着时节不断变化，从几元到二十几元不等，这也为周围村民家增加了额外收入。

山庄扶起贫困人家

谈起村子的脱贫情况，作为村支书的张林森将数据慢慢道来。村子大概有220户人家，2014年认证的贫困户有77户，到2014年底剩63户，到2015年底剩12户，到2017年底剩9户，预计2018年底只剩6户。

村支书说：“一家人如果不愁吃、不愁穿、有水喝、不愁住，家里人均年收入在4 200元以上，基本就可以认定脱贫。”

为实现精准扶贫，地方要整合优化扶贫资源，确保扶贫到村到户。在精准扶贫上，张林森表示自己作为村支书“要起到带头作用”。

山庄从2015年开始雇用村中贫困户，服务员工资也从最初的1 500元涨到现在的每月2 000元。

张林森介绍说道，2015年家里雇用了三户人家的人员，其中三十多岁的白先生，由学徒干起，如今已经是可以独掌大勺的厨师，工资也变为每月7 000多元。按照标准，家里已经稳稳地脱贫了。

采访庄主　　买钰莹摄

张林森表示，对于自家招进来的人员：“只要他们一直在这里干，我们就一直要他们。如果有人走了，可能还会继续招进新的贫困户村民。”

不过有些年轻人，“由于会听到别人说哪里好，便会辞职到另一个地方，但是那里的收入也许还没有这里多”。村子书脸上露出了隐隐的担心，也许还有一丝恨铁不成钢的意味。

因为年轻人频繁地由一个地方换到另一个地方，每次可能只是对之前劳动的简单重复，如果不安下心来扎扎实实练好技能便不可能独当一面，而之前脱贫的家庭在以后可能还会面临返贫的风险。

技能降低返贫风险

村支书提到的两个例子说明自身技能的训练与提升对家庭脱贫具有重要作用。由于种种原因退学的年轻人，在找工作时并不占优势；没有自身的技能与特长，也很难在工作中不断提高。

农业的现代化使得农村人口的劳动力足以解放，之前可能需要几人合作才可以进行的工作，现在可能一人便可以完成，而且时间上也大大缩短。之前可以靠帮其他人做农活来维持生计的人似乎少了用武之地。

另外农业合作社、退耕还林等政策也解放了一批劳动力。此时，技能就显得尤为重要，拥有一技之长的人，可以凭借自己的技能增加收入，完善自身，实现更高的人生价值。另外，学习技能更是提高自身素质的过程，拥有了学习的能力，才能使自己更好地跟上时代的步伐。

“授人以鱼，不如授人以渔”，在精准扶贫上仍是如此。慰问解决的问题只是一时的，唯有让贫困户掌握一项技能，有可以养家糊口的本事，才可以有效防止返贫的危险。幸福都是奋斗出来的，拥有赖以生存的技能，贫困户才能保证自己达到温饱和小康，而不至于脱贫之后再度轻易返贫。

（作者为兰州大学新闻与传播学院研究生；指导教师张维民、王臻为兰州大学新闻与传播学院教师）

记官鹅沟里的采药人

刘世龙　朱晨　牛雨倩

距离宕昌县城10公里，是绿川盘绕、鸟兽繁多的鹿仁村。一抹靛蓝的湖水静静地躺在群山的怀抱里，似婴儿一样温润平和，于青川的襁褓中安然酣睡。在这片人间仙境中，如果说清澈、秀美是鹿仁湖予人的第一印象，那热情、淳朴便是鹿仁村村民们的代言词。

鹿仁村——一个临鹿仁湖水而建的古老村庄，凭临清水之滨，坐落群山之怀，独特优越的自然条件为这个羌藏族人世代居住的村寨带去了无数珍宝。在山林交杂的缝隙中、在虬枝耸天的古树上、在肥沃厚实的土壤里，无数珍稀的自然瑰宝悄然生长，而用慧敏的双眼和灵巧的双手将其寻找并采摘的，便是居住在山脚鹿仁村寨中的采药人。

随着近十年以来官鹅沟景区的逐步开发，鹿仁村的村民们大多遵循国家政策，上交了自家的耕地，配合景区进行了退耕还林工程。家中曾拥有十几亩地的采药人苗女士说道："我现在没工作，以前家里种地，后来公家把地收了，没了田，家里丈夫和儿子就都去新疆打工了，我是因为家里婆婆有病，就留下来照顾她，不然我也出去了。"当提及景区是否在开发过程中给予过某些补偿时，苗女士说："每亩地100元，十几亩地也就一千多，现在我就在这照顾婆婆，收拾一下这地，抽空采点药卖。"苗女士边说边抬头望了望家中后院里的一小片菜地，眼神带着些许无奈。

从苗女士的口中我们得知，在鹿仁村，采药对老一辈来说是再正常不过的事情，她幼时在家里养牛放马，闲暇之时就会随父母上山采药。到了现在，尽管年岁稍高，苗女士几乎依旧每日都会上山采药，对这个贫困的山村家庭来说，卖野药的收入已经和家里基本的伙食费持平。在长久以来的交易活动中，鹿仁村的采药人和收药材的小贩早已相互认识，他们之间没有任何联系方式，除了药贩，采药人没有其他任何渠道去了解药材的市场信息。在这个简单的多对一贸易活动中，除非药贩登门，否则采药人只能漫长地等待。

“我们以前也会去景区卖灵芝啥的，但景区的人不让，赶我们走，说我们打扰游客。”苗女士在给我们展示家中囤积的灵芝时向我们说道，“这药去年卖得好，但今年价钱不行，我就都留下了。”面对着散落在地上的灵芝，苗女士的脸上也显出一丝愁意。

“我们这边山里啥药都有，我上山看见什么采什么，时间一久这些药长在哪里我都有数，你今年采了它明年还会长出来的。”当我们向苗女士了解山里的情况时，苗女士的脸上有着毫不掩饰的自豪。“山上不光有药，动物也很多，熊、狼、野猪啥都有，我还见过野猪咧。”

今年51岁的苗宝生也是一位鹿仁采药人。和当时大多数人一样，在退耕还林后没多久，苗宝生就随村寨里的同龄人们一起出山闯荡了。“我去过天津、新疆、湖北，哪都去过了，给人当泥瓦工嘛。我们这环境好啊，儿子办了农家乐，我前几年就回来了。”

苗宝生农家乐的庭院里，大大小小的盆子里栽种着各种各样的药材。“这些都是他挖回来的，他喜欢这些，以前也收过药，还当过赤脚医生。”他的妻子说道。

当我们向苗宝生请教采药人这一职业时，苗宝生那张沟壑纵横的脸庞突生笑意，不顾碗中还没有吃完的午饭，便走过来侃侃而谈道：“我们这山里啥药都有，一共一百七十多种药材，雪莲啊虫草啊什么都有，就长在沟那边的雷鼓山上，下山就出鹅漫沟口了。现在采药的人都没了，村里的年轻一代都走出去了，我们这一代是采过的，从小在山里长大，什么药都认识，你去问那些年轻人，他们认

手持自己采摘的灵芝的苗女士　　摄

都不认识，别说采药了。”苗宝生一边说着，一边不断地介绍着院子里的各类药材。“这是党参、这是木泽、这是土山七……”看着在院中茂盛生长的各类药材，听着苗宝生的细致解说，不禁令人感慨这片山脉给予人们的馈赠之丰。

谈起采药人的现状，苗宝生露出一丝落寞的神情。“现在没多少人采咯，我们那会儿采药的人多，农闲的时候采点药拿去卖，赚点钱，现在没地了，只采药赚不了多少钱，不如出去打工。娃儿们赶上了好时代啊，不用像我们那么累，年轻人都走出去咯。”

“大山里的孩子进山无论走多远都能够找回来。”苗宝生自信地说道。作为一名土生土长的采药人，他说就算是让他现在上一趟山都没有问题。“我去年还给几个学者当向导走了两趟雷鼓山嘞。”一种孩童般的天真和喜悦从这个年过半百的男人身上显现出来，令人深深地感受到村民们的质朴和热情。

时至仲夏，恰逢雨水充沛，大山里正是野药疯长的时候，但如今的山中已少有采药人的身影，苗女士因为伤病今后可能不再上山，与其一起采药的姐妹们都已外出。她曾经告诉我们“我可能是这村里唯一的采药人了”。至于和苗宝生一样的老一辈采药人们有的还在外打工，有的已搬到城里和儿女相聚，还有不少和他一样做起了景区生意。“采药人”这一职业在现代化的社会背景下，正缓慢消失在人们的视野中。

景区的开发使村民们失去了自己的土地，城市化和现代化的快速推进使得年轻一辈早已不再像先辈们那样靠山吃山，青壮年们不用再跋涉山野，而是行走于水泥森林之中。新的一代正在逐渐脱离这个迟暮的村寨，连同与这村寨同脉相生的青川、碧水和在此栖息的生灵们。

鹿仁村旁，鹿仁湖水因连降骤雨呈现出一片浑浊，潺潺溪流汇成江河裹挟着山上的泥沙向山外迸涌而去，驻足远眺，不知来处，不见尽头。

（作者为兰州大学新闻与传播学院本科生，指导教师张维民、王臻为兰州大学新闻与传播学院教师。）

陇南武都区沙坪村花椒种植侧记

刘世龙　牛雨倩　朱晨

武都区是甘肃省陇南市下辖市辖区，位于甘肃省东南部、陇南市中部、白龙江中游。因其地处岷山山系与秦岭山地的结合部分，年均温度14.6℃，无霜期250天左右，年均日照时数1 911.7小时，年均降水量447毫米左右，属亚热带向暖温带过渡气候。武都光热资源充足，生物垂直分布明显，资源品种多样富集，具备发展花椒等特色产业的独特气候资源优势，是全国花椒最佳适生区之一。

早晨的花椒集市和正在交易的商贩　　牛雨倩　摄

马街镇是武都区内花椒种植范围较大的一个区域，每逢花椒上市的季节，马街镇的花椒集市总是热火朝天，而集市背后的山村——沙坪村，则是集市里花椒的重要产地之一。

花椒种植——椒农的高效益产业

张铁城是马街镇的一名驻村干部，熟悉沙坪村一带的花椒种植状况。据他介绍，武都区花椒的大规模种植大致是从2003年开始的，最初是由武都区政府根据地方资源条件和经济效益分析制定了相关的政策和规定，要求当地的村民大力发展花椒种植。因此，村民几乎都把自家地里的传统作物小麦换成了花椒进行种植。

一般来说，花椒从播种到能够收摘需要3年的时间，而如果对花椒的品质要求高则需要5年以上的时间。当地的农户表示，过去一斤小麦的售价是1元左右，而一斤花椒的售价往年都稳定在60元至70元上下，普通农户每年能够通过花椒种植获得近十万元的收入。并且，花椒与其他作物也有一定区别。花椒的种植对人力依靠较少，除了修枝、施肥、除虫以及采摘的环节，并不需要农户投入过多的时间，可以作为一种具有高效益的副业进行发展。

当地大部分农户最后都选择种植花椒，加上当地区位优势明显，武都花椒的规模越做越大，形成了产业化效应。而政府在当地花椒产业中更多的是扮演了宣传者的角色，将武都花椒的品牌传播出去，同时会给村民们提供一定的技术指导，并且发挥调控市场价格的作用。

自然灾害——花椒种植“靠天吃饭”的无奈

每年七月下旬，花椒的采摘工作基本进入尾声。根据市场调查和当地农户介绍，今年的花椒价格涨幅较大，较去年每斤上涨了近30元。造成今年花椒价格大幅上涨的原因主要是多次的自然灾害，花椒生长习性为喜光、喜热，耐瘠薄、耐干燥，喜沙质土、砂壤土、壤土，喜水不耐涝。去年冬天陇南市曾有过多次极端的冰雹天气，大量的冰雹将花椒果实打伤或是冲刷到田地里，造成花椒大量减产。而今年入夏时，花椒刚刚成熟，偏逢暴雨灾情，果实得不到良好的光照，还受到了泥涝的影响，使花椒品质大打折扣。

正在花椒林里劳作的沙坪村村支书杜佛保说：“今年过多的雨水十分影响花椒的成色，武都花椒以大红袍最为出名，大红袍花椒色红油重、粒大饱满、麻味醇正、香气浓郁，但是今年花椒的颜色都呈现暗红，又受到冰雹损伤，很大程度上影响了花椒的销售。”

现如今花椒市场是最火热的时候，但今年的花椒无论从产量还是品质都远不及前几年。受自然条件影响非常明显的花椒种植业受到了一定的冲击，而以花椒种植为主要收入来源的农户们至今还在等待市场究竟会给出怎样的答复。

病虫害治理与深加工——武都花椒种植水平提升的突破口

如今的武都花椒产业还是以花椒原产品出售为主，并没有进行深加工或二次包装。张铁城也注意到了这一现象，他提到也曾有企业家到武都考察，打算开办花椒的加工企业，但是最后都没能够付诸实际。加上武都的花椒原产品每年都呈现供不应求的状况，因此花椒产品的深加工还需要更多的谋划。

在沙坪村花椒种植园中有一块主题为“陇南武都区丰农园种植农民合作社简介”的标识，根据杜佛保的介绍，沙坪村的种植户们已经实现了花椒种植的产业合作。农户们将自己的土地集合起来统一管理和销售，基本实现集约化生产，基本取得了最优效益。

在标识牌的最后一栏写有合作社的网店名称，但是张铁城告诉我们，虽然如今电子商务迅速发展，“互联网+”趋势明显，但对于武都的花椒出售来说，通过网络渠道进行销售还具有很大的挑战。武都花椒的出售规模较大，出售的时间较为集中，而网络销售需求较小，出售较为零散，农户们尚未完全习惯这样一种销售方式。因此武都花椒的电商之路还有很长一段路要走。

花椒林旁的空地上堆放着很多砍掉的花椒树枝干，当地的农户告诉我们，这些枝干被砍掉都是病虫害造成的。大量的害虫会啃食枝干内部，内部掏空的枝干遇到雨水浸泡后会腐烂，因此只能选择将枝干砍去以避免对花椒树的二次伤害。除此之外，近两年沙坪村的花椒树还染上了奇怪的“皮肤病”，花椒树枝干会突然出现白斑，如果不及时砍去，随着这些白斑的扩散最终会使整棵花椒树死去。对于这样一种陌生的病情，村民们也还在等待相关的解决措施。再加之今年雨水过多，出现了大量蜗牛，蜗牛虽然无法直接造成花椒树的损伤，但过多的蜗牛附着在枝干上，会吸纳枝干的养分，影响花椒树的正常生长。

在杜佛保的家中还存放着不久前采摘下的花椒，但我们很明显地看到花椒的成色远不及往年的花椒一般鲜红。武都已经成为中国的花椒之都，在这座飘满椒香的城市里，花椒种植的病虫害管理和花椒产业链的深度加工与优化等课题已成为武都花椒种植水平再上台阶的突破口。

（作者为兰州大学新闻与传播学院本科生；指导老师张维民、王臻为兰州大学新闻与传播学院教师）

长征历史中的重镇哈达铺

牛雨倩

哈达铺，是红军长征中一个极其重要的坐标点。八十年前，中国工农红军第一方面军以及后来的第二、四方面军长征途经哈达铺时，这里是川甘交界最著名的商贸重镇，仅各种商号就有八百多家。红军不仅得到了物资和兵源补充，还从这里得知了红军和根据地的重大讯息，从此开启了落脚陕甘并有力领导推进全民族抗战的伟大征程。

红军长征旧址坐落在一条长约1 500多米的街道上，这里是红军在长征途中走过最长、保留当年原貌最完整的一条街，被誉为“中国工农红军长征第一街”。

红军在哈达铺建立苏维埃政权　　朱晨　摄

哈达铺盛产药材，老街中最气派的店铺自然就是药铺。1935年9月18日，红一方面军到达哈达铺后，毛泽东就住在一间药铺里，名为“义和昌”。

在红军一条街“义和昌”药铺向西约十米的斜对面，有两间临街铺面，被称为“邮政代办所”，当年毛泽东、周恩来等中央领导意外地从这家邮政代办所的《大公报》上获悉了刘志丹、徐海东领导的陕甘红军还存在的重大信息，确定了长征中最明确最坚定的目标：到陕北去！

红军一条街中最恢宏的古建筑是一座拱斗式古建筑群——关帝庙。1935年9月22日下午，党中央在关帝庙召开团以上干部会议，会上毛泽东宣布党中央向陕北进军建立根据地和整编中央红军为“陕甘支队”的重大决策。关帝庙会议上，毛泽东公开使用“长征”一词，从此这一新名词开始传向全中国，传遍全世界。

如今，哈达铺百业兴旺，经济发展。接待游客数量以年均60%以上的速度增长；人民安居乐业，日子越过越红火。“红色旅游”项目既宣扬了爱国主义精神，同时也为地方找到了新的经济增长点和脱贫致富的路子。

哈达铺，没有硝烟弥漫，却给红军以温暖的胸怀，尽显陇原的淳朴。“更喜岷山千里雪，三军过后尽开颜。”长征精神永远是我们信仰的丰碑，哈达铺的军民鱼水情值得我们永远铭记。

（作者为兰州大学新闻与传播学院本科生；指导老师张维民为兰州大学新闻与传播学院教师）

鹿仁印象

——追寻羌族文化的印记

牛雨倩　刘世龙

烟雨蒙蒙，在一夜的暴雨过后，宕昌县城在岷江水的奔腾之声中缓缓苏醒过来。

去往鹿仁村的路上，因为连降大雨，官鹅沟景区通往村寨的路因为滑坡被阻断。

①	②
③	④
⑤	
⑥	

①鹿仁村旁，往日靛蓝色的鹿仁湖水因为大雨变得浑浊不堪。

②作为古代羌族政权的建立地，鹿仁村生活着大量的羌族后裔。随着政府的不断开发，鹿仁村也随景区发展起了旅游业

③凤凰山神作为羌族人信仰的最高神灵，其祭祀用的面具被景区作为旅游标志进行了开发，修建了许多祭坛和纪念馆。

④祭祀用的大祭坛只有在重要的节日时才会使用，在平常，这里充满了游客。

⑤鹿仁寺是当地同羌族人共同生活的藏族人们进行朝奉的地方。

⑥鹿仁寺内供奉着属于藏传佛教的神灵，与羌族人信仰的苯教有着千丝万缕的关系。

①当地的传统建筑榻板房随着时代的进步和经济的发展，逐渐被一个个冬暖夏凉的红瓦小屋取代。

②随着景区的开发，鹿仁村也和当代的大多数农村一样，很多年轻人都外出打工，村子里的“空巢”和“留守”现象严重。

③鹿仁村处于官鹅沟景区之中，村子周围的山脉里盛产着各类名贵药材。

④行走在错综复杂的村间小道上，随处可见各类植物攀缘房屋之上，红色的村落与绿色的植被相互衬托，显现出人与自然的和谐之美。

⑤在鹿仁村，到处可以看见宗教的存在，在这个山间的偏远小村中，有两种不同的信仰相互尊重，和谐共存。

⑥随着近些年来的不断治理和开发，作为4A级景区的官鹅沟不断为这座村寨和这片山脉吸引着众多的游客，如今的官鹅沟已经是当地著名的景点之一。

①	②
③	④
	⑤
	⑥

（作者为兰州大学新闻与传播学院本科生，指导教师张维民为兰州大学新闻与传播学院教师。）

漫路三秦

陕西线路线简介

张璐

2018年夏天，由张璐老师和张艳彬老师带队，师生一行八人从兰州出发，沿着天水——西安——延安一线开始了“重走西北角”活动。七月盛夏，我们感受到了“重走中国西北角”火热的行走力量，更感受到了中国西部壮美的河山，以及生生不息、蓬勃发展的力量。这次行走，我们看到了天水麦积石窟守窟人的坚守，领略了华阴老腔和秦腔的魅力，更近距离地观察了梁家河村的现状与发展。虽然队员人数不多，但同学们依然用自己的眼力、笔力热情地描摹着中国西部的一山一水、一人一物。其中《甘江村脱贫记》《归来》《从华山脚下到世界——张喜民的老腔情》均为此次“重走”过程中的优秀稿件，获得了刊发平台的认可，也在后续的全院作品评审中收获了不俗的成绩。

“陇上明珠”

——甘江村脱贫记

李文斌

天水之名，源于“天河注水”这一古老而美丽的传说，给这个城市赋予了一层神秘的色彩。而作为“陇上明珠”的甘江村，则在天水之南上演了一出脱贫攻坚的大戏。

天水市甘泉镇甘江村地处麦积区西南的甘江沟流域，毗邻G30国道，紧挨麦积山5A级风景区，属于半干旱半湿润气候。近年来，在党中央关于建设美丽乡村的号召下，甘江村凭借优越的地理位置和得天独厚的气候条件大力发展扶贫产业，取得了积极的成果。

踏入村中，首先映入眼帘的是刻有“甘江村”三个红色大字的古朴石门，门后整洁的水泥路随着两旁的绿树向远处蜿蜒，阴凉的气息顿时扑面而来，道路两侧的欧式风格建筑和徽式建筑格外显眼。这是如今甘江村的新貌。

而转变之前的甘江，却并非如此。

新村官与旧农村

2018年，是张旭东担任甘江村委书记的第五个年头。

国字脸，戴一副眼镜，高壮且微胖的身材，一身白衬衫与略显黝黑的皮肤对比鲜明。这是张旭东给人的第一印象。

2013年大学毕业后，张旭东来到甘江村当起了大学生村官。与许多踌躇满志的大学生村官一样，张旭东对于自己即将扎根奋斗的这片土地，有着美好的憧憬。

“路面上地里都是垃圾，车一过，塑料废纸和黄土漫天飞扬。”张旭东来到甘江村后对此印象很深。摆在这位年轻村官面前的，不只有落后的乡村风貌，还有占全村人口42%的建档立卡贫困户。

靠山吃不了山，依水吃不了水，甘江村近一半的村民生活在贫困线以下。因留守村内谋生困难，村里大部分青壮年外流严重，留下劳动力较弱的老人、妇女和儿童。村中的自然资源和地理优势没能得到很好的利用。

“无特色，无产业，无收入”，“三无”村庄甘江，亟须转变。

要致富，先修路

“我们甘江村遇上了一个好时代。”张旭东笑着对记者说道。

好时代须有好作为，而好作为，从扶贫开始。

2013年，习近平总书记在湖南湘西考察时首次做出了“实事求是、因地制宜、分类指导、精准扶贫”的重要指示。“精准扶贫”思想被正式提出。同年，“美丽乡村”的概念亦破土而出。

而这一年，正是张旭东来到甘江村的第一年。

要致富，先修路。

甘江村下设3个自然村，全村唯一一条贯穿整个村子的黄土路，晴天时尘土飞扬，下雨时坑坑洼洼，给村民的生产生活带来了极大的不便。甘江村的精准扶贫大戏，由硬化一条条黄土路拉开帷幕。

依托扶贫政策与资金支持，甘江村在2013年便完成了贯村大道的硬化工程。昔日狭窄的黄土路摇身变成了如今宽敞的水泥路，路旁绿树摇曳，与一盏盏太阳能路灯间隔分列，烈日炎炎之下仍有徐徐清凉。大路两侧也新建了排水渠，很好地解决了道路积水问题。连接家家户户的小巷道，如今也全面完成了硬化。

张旭东　　李文斌　摄

“路一修好，咱村子的风貌就先展现出来咯。”张旭东说。

产业结构的优化与转型

2013年以前，村民种植的作物除了麦子和玉米，还有少量的果树，基本上处于自给自足的状态。

“像我家之前就只种3亩麦子，一年下来卖了一千块钱，成本也差不多一千块钱，自己再吃一些，哪里还有什么收入嘛。”一位村民向记者说道。

种植没有收益，是村民脱贫致富最大的障碍。

张旭东在担任村委书记后，经过实地调查，开始向全村宣传产业扶贫思想，推广种植经济作物。甘江村的气候类型与多山的地形特点使其在种植果树方面形成了独特的优势。苹果和樱桃，是张旭东号召村民大力种植的两大果类。

近年来，甘江村引进的花牛苹果和樱桃逐渐成为田间山头的一大特色。熟苹果、红樱桃，点缀着山头与田野。在原有的种植基础上，甘江村也更加重视水果的品质。

从2016年起，村里开始联系区直部门，对果农进行系统化的果园管理技术培训，追求果树种植和水果生产的提质增效。截至2018年，村内已建成优质花牛苹果基地3 700余亩。水果种植正从自发性、盲目性向专业化、规模化转变。而这一转变则直接解决了村民种植无收益的难题。

每逢苹果与樱桃丰收季节，伴随着一车车优质水果往省内外各大市场批发，果农的腰包鼓了，笑容也多了。

水果产业的发展，带来的不仅是经济效益，还有生态效益。

甘江村多低矮的黄土山，雨季极易发生山体滑坡。用张旭东的话讲，相比之下虽然村里的环境比较好，灾害较少，但生态依然脆弱。山头种植的果树既可增收又能保持水土，利用荒地，是一举多得。

生态扶贫与产业扶贫就这样紧紧联系在了一起。

此外，与水果种植相结合而产生的循环农业——果禽业，则充分利用了空间资源，发展林下家畜养殖。甘江村因地制宜的多元生态农业，在促进村民增收的同时，也在探索着新的特色发展模式。

在张旭东看来，传统种植业与养殖业的优化发展，对于一个贫困村的长远发展而言，是必经之路，但也并非要一条路走到黑。

自2015年起，甘江村逐渐出现了合作化性质的大型农家乐。凭借村内的绿水青山，甘江村吸引的游客逐渐增多，农家乐也随之兴起并发展。

大型农家乐在吸纳本村村民就业的同时又刺激着私人化农家乐的产生，甘江村良好的生态环境给这个村子渐渐打开了旅游致富之门。目前，甘江村内已形成了四大农家乐与水果采摘游玩的旅游产业模式，产业转型正在逐渐形成。

多管齐下的产业发展给村民带来了最直接的好处。甘江村人均纯收入由2014年的5 519元增长到2016年的7 538.2元；贫困发生率由2013年的42%减少到2018年的3.8%，村内97%的人口实现完全脱贫摘帽。愈发良好的发展前景也在不断吸引着外流青壮年的回流，给甘江村注入了新的发展活力。

既要富了口袋，也要富了脑袋

甘江村自2013年开展精准扶贫以来，在紧抓产业扶贫的同时，不忘精神文明建设。

在张旭东的印象中，乡村精神文明建设开头是最难。

“你想在一夜之间要村民去掉这些积久的陋习，是不可能的，只能慢慢去做思想工作。”

最初，为了解决村内垃圾问题，张旭东和同事每天都抱着宣传单挨家挨户地去做思想工作，宣传美丽乡村政策。同时又在村委会的大喇叭上早晚宣传，村民环保意识提高了，垃圾问题才得以更好解决，村民居住环境也得到了改善。

为了丰富村民的文娱活动，甘江村修了两个文化广场并配套了相应器材。

村民们茶余饭后的休闲点，逐渐转移到了文化广场。在广场上不定期召开的政策宣传活动、科普活动以及各类比赛活动极大地丰富了村民的精神生活。

克服困难，坚守理想

“作为一个大学生村官，干了这么多年，没有困难是假的。”张旭东笑着说道。

对张旭东而言，甘江村的精准扶贫现在进入了尾期，但也是啃硬骨头的攻坚期，怎么去解决这些最后的贫困难题，只能靠自己去摸索。

此外，综合知识储备不够，也成一大拦路虎。

“像我在金融这方面的知识就比较欠缺，扶贫资金如何利用好，如何融资，我也在不断学习，困难还是要克服的。”

扎根一方土地并为之奋斗，心系贫困村民，是张旭东最真实的写照。

“对于甘江的发展，我一直是有我的理想的。把农村建设成经济繁荣、设施完善、环境优美、文明和谐的社会主义新农村，这是总书记对农村发展的展望，也是我对甘江村发展最大的理想。”

“在甘江村完全脱贫之前，我是不会离开的。”

好时代，好产业，好书记，甘江村依托三大优势成功地上演了一出精准扶贫的大戏。

如今，人口只有328户的甘江村已从以前的省级贫困村一跃发展成为天水市“十大美丽乡村”之一。山变绿了，水变清了，天变蓝了，村民口袋变鼓了，这是甘江村如今最真实的写照。

“陇上明珠”甘江，在新时代下正焕发出耀眼的光彩。

（作者为兰州大学新闻与传播学院本科生；指导教师张璐、张艳彬为兰州大学新闻与传播学院教师）

从华山脚下到世界

——张喜民的老腔情

李文斌　穆相彤

将令一声震山川

人披盔甲马上鞍

大小儿郎齐呐喊

催动人马到阵前

……

十一个正值花甲的老人身着对襟褂子嘶声呐喊，时而独唱，时而众和，音调高亢。手中乐器来回摇摆，肢体动作夸张。

这是话剧《白鹿原》中演绎华阴老腔《将令一声震山川》的一幕。

而在两千多年前的西汉，在距离如今华阴市双泉村不远的码头，同样上演着相似的场景。在这里，华山脚下，黄河、渭河与洛河三河交汇，成为当时华阴地区的漕运中心。

“嘿哟，嘿哟。”黄河边上，纤夫低沉划一的助力声与水浪拍岸声相交织。

“啊嘿嘿——”船上突然的一声巨吼，打破了河面的寂静，随之引来越来越多的应和。运粮士兵立刻聚集在一起，举起船桨，拿起木棍，开始亢奋地敲打。声音时齐时乱，伴随着杂乱的吼叫。

“他们就是在乱叫着要哩。”

这是华阴老腔第十代传承人张喜民向记者描述老腔起源之初的情形。

老腔源与老腔缘

1947年出生的张喜民如今已年逾古稀，但仍精神矍铄，提起老腔立刻来了兴致。

华阴老腔源于西汉，兴于唐宋，盛于康乾。最初的表演形式是皮影戏幕布之后的戏曲配乐。其格调古朴厚重，苍凉悲壮，极具秦风陇韵。如今的华阴市双泉村正是华阴老腔唯一的发源地和传承地。

在张喜民的印象中，老腔发源于双泉村并非偶然。

在漕运的影响下，最初码头上士兵自娱自乐的嘶吼调子逐渐传给了船工与当地农民。而当码头废弃后，定居于此的士兵又将此进一步扩散至双泉村中。为了适应自身的娱乐需求，村民给调子配上乐并配合皮影戏表演，华阴老腔的雏形由此诞生。

而在双泉村，占全村大姓的张氏家族始终是皮影戏的主要表演者。此时的华阴老腔，只是充当着皮影戏幕后配曲儿的角色。

皮影戏在张家世代流传，不传女不传外姓人，因此又被外界称为“张家戏”。传至张喜民，已是第十代。

生于老腔世家的张喜民从小便接受着老腔的熏陶，与老腔早早地结上了缘。自小天资聪颖，理解能力很强的张喜民在刚接触老腔时便展现出了极高的天赋，曲调、符号和歌词总是能迅速记住。

“我跟我父亲学唱皮影戏时是13岁，学了五个月后就能走街串巷登台表演了，别人至少还得学一年才能唱咧。”回忆起少年时的学戏经历，张喜民笑得很开心。

对于他而言，学习皮影戏的唱法并不是完全没有困难。

张喜民虽生于老腔世家，但先天性的嗓音对学唱老腔而言并不完美。少年时代，不论严寒酷暑，每天早上的练声是必备功课。从青葱少年学唱起到现在年逾古稀，张喜民每天早晨不少于一个钟的练声从未中断。

在张家的四兄弟中，张喜民排行第二，跟着父亲练月琴。哥哥张拾民学习签手，三弟张转民学习板胡，四弟张新民则学习喇叭。

四兄弟各司其职，已占张家老腔和皮影戏全部江山。

走向落寞

因为唱功扎实，还是风华少年的张喜民凭借着出众的天赋便已踏足舞台，担任皮影戏主唱。

一把月琴，一根拨棒，声声嘶吼，张喜民形成了唱华阴老腔的独特风格。

老腔唱得好，在散发这个古老戏曲魅力的同时，也在散发着演唱者自身的魅力。

“我18岁的时候，张家那边的媒婆过来提亲，问我对他（张喜民）有啥好感没有。我寻思着他唱戏唱得好，又能吃苦，就答应了。”张奶奶回忆道，布满皱纹的脸上露出了甜蜜的笑容。

1969年，张奶奶与张喜民结婚，并养育一儿三女。

提起往事，张奶奶总是很乐意与人说起老伴儿。

“他才念两三年书就不念了，学不进去，但学老腔一教就会。”

“年轻时脾气暴得不行，现在老了就好多了，都是他那个戏唱的。”张奶奶笑着说道。

但20世纪60年代，是另一个困难的开始。

1966年，“除四旧”的口号被提出，张喜民的皮影戏和老腔谱被归入“四旧”之中，已传承了九代人的传家宝面临着灭绝的危险。

“现在我保存的50多本谱子都是从那时候保留下来的，老腔讲究无拘束但也不能没有规矩。这些谱子教着怎么唱咧。”张喜民打开书柜，拿着发黄的老腔谱对记者说道。

“那时候我就是晚上把谱子藏起来的，等晚上没人了，我就在后边的院子里挖了几个洞，把这些谱都藏在里面了。不然连现在这些都看不到咧。”

昏暗的灯光下，张喜民一页页地翻着谱子，向大家激动地解释其中的内涵。

“你看这个曹字，说的就是曹操，上字就说明曹操提着七星刀就上去了……”再

张喜民和他的妻子　　李文斌　摄

次拿起被翻得有些破旧的戏本，张喜民还是对其中的故事津津乐道。

千百年以来，老腔以其独特的风格适应了华阴地区广大农民的娱乐需求从而不断传承发展，成为华阴一大特色；但又因其家族性和环境的封闭性只能在小范围内流传。

十年磨难，曾经传唱于斯的老腔似乎褪去了其艳丽的外裳，高歌不再，落寞退场。

再放异彩

2006年，有些落寞的华阴老腔因话剧《白鹿原》再一次大放异彩。《白鹿原》作者陈忠实在选择陕西戏种时被华阴老腔的气势深深震撼，最终决定用老腔作为话剧的开场曲。老腔开始从幕后走向前台。

于是，如一声惊雷，还未见演员登台，观众已被老腔的一声大吼震得魂魄相离。

同年，华阴老腔入选首批国家级非物质文化遗产。

2012年，伴随着电影《白鹿原》的热播，华阴老腔知名度进一步提高。

“其实当时我们也胆怯得很，舞台那么大，一个个离得很远，很不习惯。”张喜民笑着说。这也是华阴老腔第一次在大舞台上表演。

张喜民和他的兄弟团一下子忙碌了起来，参加各项演出，甚至跨洋前去美国表演。不大的客厅内，挂满了张喜民的各种证书与合影。

对于老腔为东方古老的摇滚这一说法，张喜民挥挥手说：“咱也不懂他摇滚是个啥，但是老腔唱得带劲了，比他摇滚还热闹!”

每一场演出，张喜民都能细细道来。尤其是2014年的团代会演出，张喜民还清楚地记得习近平主席和李克强总理频频点头，交流赞许。

老人家兴致一来，干脆唱起了那场演出的曲子：“敲锣鼓，放鞭炮又过大年；贴对子，挂灯笼喜气冲天!”虽是独唱，张喜民的脸上依旧生动，充满了过年的喜庆表情。

“《将令一声震山川》表现的就是一不怕苦二不怕死的精神，它就要有震撼力，不能笑，要雄赳赳气昂昂。”张喜民认真地说道。

“啊嘿。”一起势，眉头紧锁，手尖扬起，雄浑有力的老腔声悠悠响起。

2016年，华阴老腔团队和谭维维在春晚的演出，使得华阴老腔又一次传遍大江南北。当“陕北土味”和时代潮流微妙地结合在一起，当不受拘束的原生态和现代音乐相融合，古老的三秦艺术又展现出新的时代活力。

“华阴老腔（大家）都费了很多功夫、（经历了）很多挫折，才能到现在这个样子。”

2015年，陕西省华阴县文化局开始办老腔学习班，男女兼收。张喜民为了更好地传授，学习了西方的一些乐理知识，将传统的宫徵谱转化为“哆来咪”。

平时他还会接待大大小小的领导、明星以及学生，“有时候来二三十个人，屋里都放不下。”张奶奶笑着说。

如今，为满足当下受众的喜好，华阴老腔的表演方式越来越多样化，有对现代歌词的翻唱，与现代器乐的合奏等，广受好评。

后继无人：老腔前路在何方

华阴老腔的激情澎湃难以掩盖其后继无人的窘境。老腔的主要表演者都已处于古稀之年，却没有几个技艺足够成熟的继承人。

虽然文化局已经办了三年的老腔学习班，但学员年龄基本都是五十岁左右，难以取得一定的成就，他们很难担负起传承老腔的重担。在这些学员中，多数学而不精，本该最适合传承的年轻人寥寥无几。

如今在屈指可数的喜爱并学习老腔的年轻人中，张喜民的孙子张猛扛下了传承华阴老腔的担子。

作为老腔的第十一代传人，张猛从小就处于老腔的氛围之中，但在小时候他并不喜欢老腔。

“八九岁那会儿让他学老腔，他宁愿在桌子前学习几个小时。”但在爷爷的影响下，张猛逐渐感受到老腔的乐趣和魅力。

“他上大学的时候还带着月琴去，把弹的曲子拍成视频发给我，让我看看有什么问题。”张喜民说道。

如今，张猛分别参加《渴望现场》《最炫中国人》等多个节目。虽不浑厚、但颇具力量的开嗓，让大家知道了华阴老腔的新生一代。

但张喜民还是表示出了深深的忧虑。“老腔的团队有好多个人，一个人那也不叫老腔啊。”仅有张猛一人传承，华阴老腔发展前途堪忧。

此外，张猛的生活保障也是摆在爷俩面前的一个大问题。

为了更好地学习老腔，张猛放弃了与南方公司已经签订合同的工作。但是只学习老腔无法保障目前的生活，他只好选择一边准备公务员考试，一边给老腔艺术团当临时工，做两手准备。

“这样也会分散精力，不能专心学习老腔。”张喜民对此颇感无奈。

倒是有外地的年轻人慕名前来学习，但不符合老腔口音、个人工作等问题都让学习老腔变得困难重重。华阴老腔的封闭性使得它成为艺术领域上的奇葩，在传承上亦形成了一种无形的桎梏。

一个瓢、几块木头经过打磨雕刻就能变成动听悦耳的板胡、月琴。经张喜民演奏的月琴如珠子落盘，却又自带西北粗放的腔调。这是来自面朝黄土的农民的智慧。

华阴老腔的未来也许辉煌不再，但它不应该被遗忘。

（作者为兰州大学新闻与传播学院本科生；指导老师为张璐、张艳彬为兰州大学新闻与传播学院教师）

归　来

李文斌

“绣花袋和布鞋哎，新鲜的狗头枣蜜枣哎，都过来看看。”

刘春兰站在木屋内，手指划过窗台上摆放的红枣，身体微倾，时不时地朝着窗外的游客吆喝。在看到我们过来后，刘春兰热情地招呼着，褐红色的脸上挂满了笑容，她拿出红枣让我们品尝，并介绍着墙上的绣花提袋。

在她10平方米见方的木屋里，一面墙上挂满了形式各异的手工刺绣提袋与布鞋。另一侧摆满杂货的柜子上，斜倚着习近平总书记和村民的合影，身着红色大衣的刘春兰在左下角格外显眼。

2016年从陕西榆林回来后，刘春兰便在梁家河文化广场旁租了一间小木屋，做起了售卖手工绣花提袋和布鞋的生意。她不曾想到，这个曾经只是自己作为爱好和用来打磨时间的东西，如今已然成为自己增收的主要手段。

“那时候我们可是遭了罪”

1962年，刘春兰出生在梁家河村的一个普通农民家里，排行老五。在她前面，还有四个姐姐。

对于一个刚经历过三年饥荒的农村家庭而言，抚养五个孩子并不容易。在刘春兰儿时的记忆中，姐姐们总是会被父母早早地叫起，牵上毛驴，扛上铁锹，上山种地。

“中午大太阳的时候他们都还要干活咧，戴着草帽，下午回来的时候整个脸都黑了，裤子衣服上全是土，整个人灰头土脸的。”刘春兰回忆道。不仅自家如此，整个村子都这样。

到了12岁，刘春兰肩上扛的，依旧是那一副副磨得光滑的农具。在推行生产队和合作社的年代，为了能多吃到饭，工分必须多挣。刘春兰挣得最多的一次，得了六分。对于女工而言，这已接近极限。

“那时候我们可是遭了罪哟，夏天起早贪黑，顶着大太阳在山上翻田犁地。晚上灰溜溜回来还要照着盏煤油灯绣老布，很晚才能睡咧，第二天很早就又起了。”

“山上又拉不了水，只能靠天吃饭，你辛苦一年到头来没收成，受罪更大咧。”

辛苦与受罪，是刘春兰重复得最多的两个词。

出走梁家河

在刘春兰眼里，山沟沟上种地的日子是辛苦的。但每个翻地回来之后傍着煤油灯学绣花的夜晚，是她唯一觉得快乐的时光。

此时刘春兰14岁，在镇上读初三。

读书时代的刘春兰对于绘画似乎有着特别的天赋和敏锐的观察力。

“在去上学的路上我就会看那些花儿是啥样的，咋长的，对花特别感兴趣。上下课一有空就拿出纸来画，我记得有一次考试我还在画咧，画得还挺好。”刘春兰说着不禁笑了。

那时的刘春兰想考延川县里的美术学校专门学画，但父亲却不同意。

“我爹那时就认为学画画没啥用，就把我拦在家里不让我去考。如果我去考的话现在就可能是美术教授啥的了，我老师那时看我的画都说好咧，可我爹就是不让。”事情即使过了几十年，刘春兰语气中仍带着些许遗憾。

被堵住了路的刘春兰，就再也没有考任何学校。

从14岁到23岁，她的脚步再也没离开过山上的黄土。

世代以来，在陕北高原种地只能靠天吃饭，风调雨顺的日子能让全家温饱；否则便是忍饥挨饿。1978年分田到户后，刘春兰家分得了几亩地，但依旧只能自给自足，不能满足更大的需求。孩子一出生，家里负担更重了，不得不另谋出路。

1990年，刘春兰和丈夫选择了离开。却不承想，这一走，走了26年。与家人维系情感的，只有每年为数不多的见面。

这26年里，刘春兰先后走过延安许多大大小小的工地，给工人卖饭。随后又到榆林，自己开着煎饼店，丈夫则在修窗户。2014年煎饼生意好了，刘春兰寻思着扩大规模，不承想只一场亏损，便血本无归。

“后来又再干了一些，但都没用了，亏了五十多万，连之前挣的十几万都赔进去了。现在我还欠着人家钱咧。”刘春兰回忆道。

归来梁家河

2014年的亏损，使刘春兰再一次走到生活的边缘。

2016年夏天，刘春兰选择回到梁家河。

许多人选择回家是为了落叶归根。对于刘春兰而言，回到梁家河，不仅仅是落叶归根，更多的是看到了希望。

梁家河作为当年北京知青插队的旧址，吸引着许多游人的驻足参观。2012年以后，作为习近平总书记度过七年知青岁月之地，梁家河愈发知名。

2015年5月1日，经全体村民讨论决定，梁家河乡村文化旅游发展有限公司正式成立并投入运营。

经过规划后的梁家河建设起了知青生活体验园、生态农业观光采摘园、传统耕作实践园，恢复了知青旧居、沼气池、铁业社、代销店和水井等。

此外还拓宽了原有的通村道路，打通了全长19.8公里的大梁家河环线，维修改造了6条23公里的环山生产道路，建成了培训中心、社区服务中心，硬化了入户巷道，配备了垃圾桶，安装了太阳能路灯。

变好的不仅是环境，还有村民们的就业。

梁家河乡村文化旅游发展有限公司现有员工125人，90%是梁家河村民。如今，梁家河办起了农家乐、小吃摊和窑洞宾馆；成立妇女之家手工艺品合作社，售卖鞋垫、布堆画等手工艺品；办起了“乡村e站”，方便村民学习。村民在家门口就能实现就业。

2017年，梁家河村实现旅游综合收入2 820万元，比2016年增加1 520万元；人均纯收入20 826元，比上年增长15.7%。

回到梁家河之后的刘春兰，发现地没法种了，又是在景区，便在梁家河文化广场旁租了一间小木屋，卖起了手工刺绣和布鞋，同时散销部分梁家河特产。

广场边的木屋由梁家河乡村文化旅游发展有限公司承建，建成后专门租给村民做小生意，房租相对优惠。

开始只绣少部分提袋与布鞋的刘春兰发现，游客们对刺有着梁家河印记的织品比较青睐，便扩大了绣织量。刘春兰年轻时对于刺绣的热爱，再一次倾注在一块块老布之中。纯手工的优质刺绣提袋，在逐渐打开销量后，为刘春兰刺绣打下了很好的口碑。

“她可是咱们梁家河刺绣刺得最好的咧，和她年纪一样大或比她大的都没她绣得好嘞。”刘春兰邻居张大妈笑言。

除了在景区的线下兜售，为了增大刺绣销量，刘春兰开始学习线上的产品推销。

通过回头客及部分客人的联系，刘春兰建立了一个微信群。每当有刺绣新品时，刘春兰就在微信群及朋友圈中介绍推广，并取得了不错的效果。线上线下销售相结合的模式使刘春兰单在刺绣销售方面一年就可净赚2万多元。

对刘春兰而言，这样的收入比起以前四处奔波时好多了。

“以前种地辛苦还不一定吃得饱，卖饭还得到处跑。现在我坐着把自己喜欢的事情干咯还把钱给赚咯，可以说我正在接近着我小时候的美术梦想。”刘春兰笑着说道。

“我一直有一个想法”

在做刺绣的同时，刘春兰还把家里的三孔窑洞装修，用于接纳游客住宿和提供餐饮服务。

“咱们梁家河现在主要是用来学习参观的嘛，平时那些参观团不会住在这里，干部也有专门的接待所。我们这窑洞主要还是用来接待散客的。”刘春兰解释道。

刘春兰展示手工褂子　　李文斌　摄

虽已年过半百，但刘春兰依然有自己的发展打算。

用刘春兰的话讲，就是要扩大手工刺绣的规模，不能只待在这小木屋里，毕竟明年木屋就到期了。

明年木屋就到期了。

“我一直有一个想法，就是要成立一个合作社，就在我家，专门用来做刺绣。现在这边发展也挺好的，我已经注册了，就看上面能不能批准。”

“如果批准了就去集钱，大家都出钱的话将来刺绣卖出去了大家也都能获利嘛。”

合作社能不能成立是一个未知数，成立后如何筹集到资金又是另一个难题。面对这些不确定性，刘春兰没有表现出过多的担忧。

“只要你想做，慢慢都能实现嘛。”在采访的最后，刘春兰向记者说道。

在梁家河，还有许多人和刘春兰一样，在梁家河的转型过程中发展起了各种小商业并由此受益。有人出走就会有人归来，刘春兰的绣花路，在出走中经历过种种曲折后，最终在梁家河找到了新的出发点。

（作者为兰州大学新闻与传播学院本科生；指导教师张璐、张艳彬为兰州大学新闻与传播学院教师）

梁家河之我见

陈姝凡

“我人生第一步所学到的都是在梁家河。不要小看梁家河，这是有大学问的地方。”在抵达延安时，我对梁家河就怀有一种憧憬，这个让总书记学到“第一步”的地方，究竟是个什么样？

去梁家河的那天我们出发得尤其早，八点不到就到达了目的地。景区的大门很气派，看得出三年前梁家河旅游公司的成立，给这个紧跟时代步伐的小村庄带来了不小的收益。坐着观光车进入村里，沿途的树郁郁葱葱、枝繁叶茂，早已不是总书记下乡时那种黄沙漫天、尘土飞扬的样子。

下车参观完知青井，我们直奔村史馆，去了解梁家河半个世纪以来的变化。这里从总书记下乡做知青讲起，一直展示到2015年总书记回乡探望乡亲们的场景。在这个面积不大、曾经是村小学的史馆内，一群孩子引起了我的注意。

他们基本都是二三年级的小学生，戴着扩音器在向参观者绘声绘色地讲述史馆里展示的内容。为我们讲解的小男孩叫闫镜繁，上小学三年级。他鼻梁上架着一副黑色眼镜，声音清脆洪亮，史馆里每一个故事他都熟记于心。

“我们是村史馆的‘小小讲解员’。”闫镜繁说。他们的介绍内容不仅是史馆里的故事，还要走出史馆，带领我们去参观当年的知青旧居、沼气池等等具有特殊意义的地方。在去三号知青院的路上，他告诉我他已经在这里度过了三个假期。每天早晨七点半到十一点半是他的排班，他六点就得起床从延川县城赶来。“不辛苦，以前起不来床，现在习惯了。”天气炎热，路途遥远，游人如织，没有薪资，而闫镜繁乐在其中。

到了三号院，从门口的沼气池、墙上的宣传画，到院内的磨坊、供销社等，那些峥嵘岁月里知青们奉献青春的故事，都在这些老物件上留下了痕迹。窑洞里墙上糊的是1972年6月的《光明日报》；炕桌上放着已经被熏黑的旧油灯；供销社里还有泛黄卷边的小人书；磨坊里贴的“反对浪费”四个大字依旧清晰……闫镜繁逐个为我们介绍，当年总书记从知青到大队党支部书记，为乡亲们做了很多实事，知青院里的很多设施，都是当年的总书记一手创建的。

刚刚参观的知青三号旧居，是1970年生产大队专门为知青们修建的，总书记曾在这里度过五年时光。沿着山路继续向上，一号和二号知青旧居还在前方。它们距离三号旧居较远，天气炎热，爬山让我们汗流浃背，闫镜繁一路为我们讲述知青时代的故事。

旧居规模都不大，于是参观很快就到了尾声。我们跟着闫镜繁一起下山回到村史馆，还有一个小时他才能“下班”。在路上，我看到宽敞的村民活动广场上有人在打篮球，看到知青当年开垦的菜园里蔬菜旺盛地生长，看到由村民自办的小商铺生意兴隆……

“我们应该学习近平总书记那种艰苦奋斗的精神，不能偷懒。我们的条件比他们那个时候好多了，我们应该珍惜。”

纵然距离总书记下乡已经过去近半个世纪，但梁家河精神对人们的影响依然延续。义务工作的孩子不辞辛苦不言放弃，自力更生的村民也为了更好的生活和发展不懈努力。奋斗的精神代代传承，向上的力量绵绵不绝，人民的生活也蒸蒸日上。梁家河的样子，就是凭借这样的力量跋行千里、欣欣向荣。

（作者为兰州大学新闻与传播学院本科生；指导教师张华为兰州大学新闻与传播学院教师）

秦腔里的青春

陈姝凡

在戏台上彩排的一众演员中，何雨馨与众不同。

易俗社的百年剧院丹楹刻桷，戏台上的演员多半而立已过，那一抹青春的亮色让她“脱颖而出”——她只有17岁。

易俗社，被公认为世界艺坛三大古老剧社之一。另外“二老”，分别是莫斯科大剧院和英国皇家剧院。

在大多数人的印象里，秦腔豪放而高亢，充满力量感的男性角色才是秦腔的代表。然而眼前的小女孩发髻高挽，身形颀长，称得上“燕燕轻盈，莺莺娇软”，乍一看更像是芭蕾舞演员。

作为易俗社传承班里年龄最小的秦腔演员，何雨馨身上兼有孩子的纯真和成年人的沉稳。

“喜欢就去学了”

何雨馨十岁进入陕西艺术职业学院学习秦腔表演，十四岁还未毕业时就进入了易俗社传承班。“当时去省艺校学戏是受爷爷奶奶的熏陶，小时候也会唱，学校招人我就去了。”爷爷奶奶是戏迷，家里的秦腔声充满了她的童年，三四岁时就已经能跟着曲声哼上几句。

众所周知，戏曲基本功种类繁多，唱念做打样样须学；难度极大，手眼身法须面面俱到，是真正的“台上一分钟，台下十年功”。

“习惯了。”提及学戏生涯中吃的苦，她腼腆地笑了，“主要是因为从小就学，感觉不是特别强烈，那时候就觉得练功挺累的。”

“压腿再疼都没哭过。”回忆起初学乍练的时光，她打趣地说压疼了反而还能笑出眼泪来。在她心里，为了热爱的东西付出汗水，不应该用伤心的眼泪来点缀。

“爷爷奶奶小的时候想唱戏，那个年代别人都对唱戏有偏见，家里人不让唱。”对于能唱戏，能有站在舞台上的机会，何雨馨非常满足。“现在让我做别的，我自己还不乐意呢。”幼时尚且不懂何为热爱，老人喜欢她便觉得好；如今碧玉已过，她已然从秦腔中找到了自己的归属和价值。

对于秦腔，这份爱如和风细雨般渗入了她的青春，鼓励她勇往直前。

“做好自己每天该做的”

作为传承班里的成员，何雨馨和同班的姐姐们在离剧场不远的地方合租了一间房。虽然吃住条件只是差强人意，但她的心态很乐观。“慢慢来吧，一切都会好的。”

对于演员而言，成为主角是无上的光荣，何雨馨对站在舞台中央的向往也不例外。然而，她未曾像痴人说梦般自大。“我目前先不想那么多，做好自己每天该做的，一步一个脚印往前走。毕竟成角儿不是说说就行了，做起来不容易，需要坚持。”

和同班的姐姐们相比，年轻给了她躲避生活压力的权利和享受不同生活的资本。虽然她每天的日程依旧是练功和排戏，但在短暂的空闲里，她也喜欢弹弹钢琴。“排练很忙，大半年过去钢琴课只上了七节。”即使如此，她也感到很幸运，庆幸自己在“成角儿”的路上不是匆匆向前，还能偶尔停留欣赏风景。

在易俗社正在排练的新剧目《李白长安行》中，何雨馨扮演一个跳舞的宫女，是一个微不足道的小配角。“刚来都是从龙套开始跑，就算给你个一号角色你也挑不起来。”虽然是小配角，但在台上排练时，她一直在后面跟着主角老师的动作默默学习。“从配角到主角得要十几年。”前路漫漫，她将用自己的脚步丈量未来。

“我不后悔”

17岁，正是大部分孩子在书桌前奋发图强，以期能在未来拿到一纸理想的录取通知书的年纪，而何雨馨已经在易俗社的舞台上表演了两年多。“我不后悔”，这是她说得最多的四个字。

刚决定学秦腔的时候，父亲极力反对，说：“唱戏的没文化。”希望她好好念书。爷爷奶奶的支持给了她莫大的鼓励，练功虽然苦，可站上舞台的时候就觉得一切都值得。她喜欢舞台，享受舞台。“就算让我现在去念书，我还坐不住呢。”她笑道。

随着她在秦腔方面取得的进步越来越大，父亲也接受和理解了她的选择。去年12月31日，她参与了2018年中央电视台戏曲春节联欢晚会延安分会场的录制。“天很冷，下巴都冻僵了，但是站在台上的时候就是全神贯注。”

何雨馨和著名京剧艺术家孟广禄先生

受访者本人提供

何雨馨在2015年进入了易俗社第20期传承班，由于待遇薪资等问题，一些和她一同进入传承班的人退出了。虽然在传承班里发展机会和条件都不错，但生活的压力无法逃脱。“就我现在来说，我是传承班里压力最小的一个。发的工资只需要考虑自己够不够，实在不够了家里还能补贴。”在这方面，何雨馨觉得自己很幸运。“未来可期。”这是她在易俗社最大的感触。

台上的排练还在继续，李白恣意大笑，贵妃翩翩起舞，雨馨还是默默无闻的小宫女。然而铿锵的梆子声里有年轻的梦想，悠扬的板胡曲中有热爱的心。长风破浪会有时，直挂云帆济沧海。

（作者为兰州大学新闻与传播学院本科生；指导教师张璐、张艳彬为兰州大学新闻与传播学院教师）

延安里的梁家河

穆相彤

1935年10月，中共中央和中央红军胜利到达吴起镇，延安成为中国革命的落脚点和出发点。从那时起，延安这座城市就打上了深深的红色烙印。

我们终于抵达重走西北角陕西线的最后一站——延安。

延安的红色文化氛围十分浓郁，无论是最大的红色文化主题书店，还是晚上伴着《山丹丹花开红艳艳》曲调的红色主题灯光展，抑或是市中心的大型红军雕像，都让人印象非常深刻。

酒店老板非常热情，详细地告诉我们各种注意事项，还额外送了一箱苹果。他说，要想去梁家河采访得趁早去，这段时间去梁家河的游人和学习参观的人都非常多。

于是为了早点到梁家河，我早上5点20分起床。带着一身的疲惫，于7点半到达。那时，有一个大学社会实践团已经买好票，准备出发。

我们坐着观光车前行，阵阵凉风吹走了一些倦意，驰于山中，半山腰还有一个窑洞的断壁残垣，想来已无人居住。

我们前去探访的，是因几十年前的一批北京知青而改变了命运的小村庄。小村庄坐落于群山层峦之中，人们曾“隐居”于更深的大山深处，如陶渊明笔下的桃花源，不知今朝何夕。

山上果树山沟田，日出而作，日落而息。如果没有那些知青的到来，村庄的人们可能也会慢慢地跟着时代的发展，接触到外面的丰富多彩，然后青壮年外出打工，村庄变得失落。

“以前的日子可苦啊。”在村子里卖当地土特产的刘大娘说道。

然而，现在的梁家河村无疑是中国万千村庄中极为独特的一个。习近平总书记在这里的七年知青岁月，沉淀了自己，也影响了整个梁家河村。沿着村子的路向山里步行，能看到当年的习近平总书记为村民们做的许多事情，知青井、沼气池、铁业社、代销点、缝纫社、磨坊等都是习近平总书记办的实事。

窑洞里土炕上的花棉被还在，墙上糊着的1875年的报纸、已经生锈的油灯都真实再现了习近平总书记在梁家河的生活。

李文斌　摄

我想，梁家河村之所以变成景区，也是因为梁家河作为一个记录那段知青岁月的地方，无疑最具有代表性。艰苦的上山下乡运动也成为中国那个年代的一个符号，当手中的书卷变成了锄头，吟诗作赋和运筹帷幄变成了面朝黄土背朝天，其中的辛酸苦楚，当下的我们难以理解一二。

更值得我们去铭记和学习的，是在贫苦的日子里沉淀和挖掘更深刻的自己。在耕地的时候不忘读书，思考并动手改善最基层人民的生活，而不是颓废丧气。习近平总书记用行动告诉我们，正视生活的低谷，将来也许会成为人生的财富。

从梁家河村的门口一直向里面走，房子逐渐从景区样式向平常房屋过渡，偶尔会看到几片菜地，还有老人在里面采摘蔬菜。现在梁家河村的原有村民已经不多了，且留下来的大多是不愿意离开的老人。借着景区的热闹，村民也纷纷开起商店卖点土特产。

刘大娘在村子里开商店也有两个年头了。从年轻时顶着日头种地，到后来在榆林市的街头卖当地特色子长煎饼，再到现在卖土特产，并筹备建合作社，在网上销售自己的布艺产品。刘大娘经历了颇多风雨，如今还在付诸将自己布艺手绣的工艺传扬更广的理想。

在很多乡村都有这样工艺很好的人，但因为村子知名度不够、不适应当下的电商经营等问题，他们的工艺品无法为外人所知。借助梁家河的平台，刘大娘的手艺活得到了很多支持。

而刘大娘家种的红枣也与枣厂合作加工成不同种类的食品，非常受欢迎，尝过的人大多会停下来买几包。刘大娘热情地递给我们枣子尝，说："我都给他们留下联系方式，买第二次的人有很多呐！我就把特产给他们邮过去。"

从过去的贫苦日子到现在的小康生活，刘大娘感慨地说："还是因为共产党的领导啊，让我们过上了这样的好日子。还有习近平总书记想着我们，使我们梁家河发展得这么好。"她指着最里面的一张合照，有些不好意思地说，习近平总书记来梁家河的时候与他们一起合影，为了留作纪念，她把照片洗了出来装裱好挂在墙上。

离开梁家河时，我仍然看到有农民用最原始的方式耕地种田。无论贫穷还是富裕，大家都在用心经营自己平凡的小日子。梁家河是这样，而中国还有很多村庄的人渴望过上平凡且满足的日子。这些远离繁华都市的村庄，囿于大山深处不知未来的方向。

我从延安走向了梁家河，看见了在一片热土下有着新的红色情结的人们。

我走出梁家河，突然理解了红色热土延安。

（作者为兰州大学新闻与传播学院本科生；指导老师为张璐、张艳彬为兰州大学新闻与传播学院教师）

延安新闻纪念馆纪行

李文斌

百年积弱叹华夏，
八载干戈仗延安。
试问九州谁做主，
万众瞩目清凉山。

1945年，陈毅元帅的一首《七大影集》，以豪迈磅礴之势，在中共七大召开之际，热情地颂扬了延安作为中国革命圣地的重要作用和中共七大召开的意义。

此时，持续了十四年的抗日战争即将取得胜利。中国人民和中华民族在经历漫长的曲折后，终于迎来了光明。

延安这片热土，自古以来便有着厚重和神奇的历史。

延安位于陕北，地处黄河中游，其北接榆林，南邻关中，西毗甘肃，东望黄河。因地理位置特殊，延安素有“三秦锁钥，五路襟喉”之美誉。

《隋书・地理志》有言：“延安郡，后魏置东夏州，西魏改为延州。开皇中，于肤施置延安郡。”这是延安之名最早出现在史书中的记录，故延安别称为肤施、延州。

从五千多年前的中华民族人文始祖黄帝发源地到历朝历代的“塞上咽喉”，从边声连角四起的边关重镇到革命薪火相传的陕北圣地。延安，在不同历史时期总会绽放出各异的时代光彩，吸引着文人骚客、革命诗人争相吟咏。如今站在这块土地上，古风虽去，革命气息犹存，仍会觉其深沉厚重。而陕北人民的热情好客，则为延安多添了一抹风采。

“巍峨宝塔山，柱起青天。延河滔滔不变迁。杨家岭上卷西风，换个人间。英雄肯攀登，众志弥坚。摘星揽月只等闲。抽得宝剑截昆仑，唯我延安。”

李磊的一曲《延安·诗词新调》，将黄土之上的钢铁柔情与真善美，挥发得淋漓尽致。

延安，是中国革命的圣地；而清凉山，则是中国新闻事业的摇篮。

1937年至1947年党中央在延安时期，清凉山曾是中央党报委员会、新华通讯社、新中华报、解放日报社等众多新闻出版部门的所在地。秦邦宪、廖承志、陆定一、杨松等一大批革命新闻工作者曾长期战斗在清凉山上，为中国新闻事业的发展奠定了坚实的基础。

延安新闻纪念馆最初成立于1986年10月24日，馆名由陆定一题写，旧址位于清凉山上，隶属延安日报社。2003年，在中宣部、国家广电总局、新华社等部门和单位的共同筹资下，延安新闻纪念馆新馆在清凉山南麓开建，于2004年建成并对外开放。

延安新闻纪念馆是全国唯一的新闻事业专题纪念馆和新闻出版专业博物馆。

初见纪念馆，是一座外形为三层窑洞的深黄色建筑。建筑的二层中央，是三扇拱形窑洞门，位于正中间的门最大，两侧的小门则围绕大门对称地向左右排列。拱门的最顶端，一颗鲜红的五角星牢牢地镶嵌在石壁中，在周围黄色调的对比下显得格外显眼。

延安新闻纪念馆　　李文斌　摄

与纪念馆相依而立的清凉山，在修葺一新的深黄色石壁的映衬下，略显朴素。窑洞形状的纪念馆建筑风格，既体现了陕北的建筑特色，又寓意着党的新闻事业从窑洞中走来，一路栉风沐雨，最终走到了今天。

望着这些朴素的建筑，你不禁会感慨，原来这就是党的新闻事业发展、壮大的地方。没有想象中的宏伟，却散发着肃穆庄严的气氛。不禁让人联想，到底是什么支撑着那个时期的新闻人？

报纸本身没有生命，但报纸的魂，是人所赋予的。我国新闻事业所走过的艰苦历程，归根结底，是我党新闻人走过的艰苦历程。其中的坚守与信仰，乃是我国新闻人的魂与根所在。

走进纪念馆，赫然映入眼帘的是一块深褐色的巨石，巨石之上，镌刻着毛泽东的手书：深入群众，不尚空谈。巨石的顶面，刻着一本石书，石书之上，一支巨型钢笔斜然挺立，给人以巨大的视觉冲击力。最内侧的墙壁由一块黑色的岩石构成，上有《人民日报》《解放日报》等报刊的名称样式。而两侧的墙壁则为淡黄色，印刻着清凉山、宝塔山等延安典型的标志和地形。

黄黑相间而分明的序厅，似乎寓意着在革命斗争的复杂环境中，我党的新闻事业始终能辨清源流，立足陕北大地，在艰苦斗争中砥砺前行。

二三楼的展厅分为五个区域，分别展示了“中共中央党报委员会”“延安时期的新华通讯社”“新中国出版事业的摇篮”“延安时期的党报与报人”“人民广电事业在这里起步”五个部分。

发黄的报纸、古旧的照片、清晰的文字、老式的相机，无不散发着浓郁的年代气息。每一个物件，都在诉说着一个难以忘却的故事。

延安新闻纪念馆的独特之处不单在于它是唯一的，更在于它运用了立体的技术，把那段新闻史体现得生动有趣。

在二楼北侧的唐宋石窟遗址内，纪念馆以蜡像形式再现了印刷车间、排字车间、新华社收发室、广播电台播音室、解放日报编辑室及职工宿舍六大场景。形如真人的蜡像、打字机、喇叭等，真实立体地再现了当年新闻工作者的作业场景。

靠近窑洞，当昏暗的光线打进洞内，目之所及，是一张张认真严肃的脸。当阴凉与潮湿扑面而来，不仅打起了哆嗦，还萌生了内心的一份敬意。

或许，那个年代兢兢业业的人并不知道自己会以怎样的方式给后人留下印象。又或许他们没想过这么多，就如同匠人在精雕细琢时没有把自己放在艺术的制高点上。每一个岗位上都是一个平凡的个体，犹如螺丝，于细微中造就不凡。当他们以蜡像的形式呈现给后人时，我们眼中的伟大，是他们工作中的平常与细微。

有什么样的时代就会有什么样的环境，有什么样的环境就会有什么样的人。延安时期的新闻人，是可爱而坚强的。

习近平总书记曾说，一个时代有一个时代的主题，一代人有一代人的使命。延安时期的新闻人在革命时代用这些简陋的工具，在陕北这片高原上开拓出了中国的第一片新闻田野并开花结果，随后将种子播撒向远方。

即使风刮得再大，种子被吹得再远，深扎于延安的根与魂永远不会离开。

如今，那段艰苦而热血沸腾的革命岁月已悄然离去，迎接我们的，是先辈们所一心向往和为之奋斗的和平岁月与繁荣小康。

一代人有一代人的使命。坚守我们的根与魂，坚守我们的信仰，让新闻的种子薪火相传并在新时代下绽放出更绚丽的花朵和结出更甜美的果实，是我们的使命所在。

（作者为兰州大学新闻与传播学院本科生；指导教师张璐、张艳彬为兰州大学新闻与传播学院教师）